A CONTRATUALIZAÇÃO DAS TRATATIVAS

Raphael Manhães Martins
Advogado

A CONTRATUALIZAÇÃO DAS TRATATIVAS

A celebração de negócios jurídicos para regular a relação pré-contratual

ISBN 978-65-01-73491-0

Capa: Edgar Degas. "A Cotton Office in New Orleans" 1873.

The behaviorists who design them claim that we understand only by a process of creating abstract models and then testing those models against reality. What a nonsense. We understand by immersing ourselves and our intelligence in complexity.

J. M. Coetzee, *The lives of animals*

In examining any aspect of human life, an investigator may attempt to capture the full subtlety and intricacy of experience, seeking to understand and depict a complexity that is never absent from anything we do, individually or socially. Yet without denigrating such forms of inquiry, I choose to avoid them. Far too often such aspirations to comprehensive accuracy achieve their goals only by replicating the vagueness and the messiness of life. However faithful to reality these depictions may be, their accuracy often fails to increase our understanding.

Frederick Schauer, *Playing by the rules*

ÍNDICE

INTRODUÇÃO

O contrato ou, melhor dizendo, o programa contratual é resultado de um processo de gestação[1] que, por brevidade, costuma-se denominar genericamente de "tratativas", "pré-contratual" ou "negocial".[2]

Durante esse período, verifica-se um dos momentos mais tensos e complexos do desenvolvimento do vínculo obrigacional, com uma crescente materialização de deveres jurídicos decorrentes da aproximação e da sensibilização de um sujeito às influências de outro(s), e da manifestação da autonomia privada daqueles envolvidos no processo.

Quando os fatores "tempo" e "risco" ganham relevo, a transição entre as fases pré-contratual e contratual deixa de ser abrupta e assume feições mais complexas. Acontece um processo gradual e contínuo de densificação normativa, por meio da realização de investimentos de confiança, comportamentos que implicam em algum grau de vinculação ou mesmo a celebração de negócios jurídicos destinados a moldar – criando, extinguindo ou modificando – a normatividade da relação jurídica em desenvolvimento.

---

1 Em jocosa frase, Luiz Olavo Baptista adverte-nos de que "os contratos não se formam em um só instante, num *coup de foudre*. Não nascem armados do crânio de Júpiter, como a divina Palas Atena" (BAPTISTA, Luiz Olavo. *Contratos internacionais*. São Paulo: Lex Magister, 2011. p. 129).

2 Utilizar-se-á os termos "tratativas", "pré-contratual", "negocial", "preliminar" ou "preparatório" como sinônimos, de modo que, ao longo desse estudo, eles serão empregados indistintamente.

Além disso, nessas situações em que as negociações tendem a se arrastar por semanas, meses ou até mesmo anos, é cada vez mais corriqueira a realização de negócios jurídicos parcelares, cujo objeto consiste na contratualização de aspectos da relação jurídica ainda em formatação.[3]

É bem verdade que, nos últimos trinta anos, não faltaram trabalhos acadêmicos que se debruçaram sobre o regime jurídico da fase das tratativas, apontando a existência dessa normatividade embrionária sob as mais diversas matrizes teóricas. Entretanto, verifica-se neles uma preocupação quase que exclusiva com aspectos relacionados à responsabilidade civil, em detrimento de um estudo sobre o processo de formação do programa contratual propriamente dito.[4]

Não é surpresa, portanto, que prepondera no direito brasileiro uma visão distorcida e "acadêmica" da pré-contratualidade. Distorcida, uma vez que retira dos contratantes todo o protagonismo na condução do processo de formação do vínculo contratual, criando uma versão quase "paternalista" ou "publicista" desse fenômeno iminentemente privado. E acadêmica, na medida em que submete o processo de negociação a um modelo estruturado

---

[3] A título de exemplo, imaginando que as partes estejam em tratativas para a realização de um empreendimento imobiliário, um negócio jurídico parcelar poderia ter por objeto regular as obrigações que as partes assumem relacionadas à aquisição do imóvel onde a obra será executada e os efeitos do desfazimento do projeto.

[4] Conforme anota Mariana Fontes da Costa, "[...] a formação do contrato, enquanto emergência de vontades juridicamente relevantes, continuou a ser encarada mais como um acto do que um processo e a fase das negociações parece ficar, à luz da disciplina legal tradicional, hermeticamente isolada da influência de uma vontade juridicamente tutelada dos contraentes" (COSTA, Mariana Fontes da. *Ruptura de negociações pré-contratuais e cartas de intenção.* Coimbra: Coimbra Editora, 2011. p. 74).

na falsa premissa de que as partes, nessa fase da relação jurídica, vivem num universo alheio a qualquer vínculo obrigacional autônomo. Assim, quaisquer deveres constituídos durante o processo de negociação deveriam ser identificados em fontes heterônomas[5] à relação jurídica, mormente decorrentes da incidência da cláusula geral da boa-fé objetiva, e da proteção às legítimas expectativas.

Como consequência desse modelo ainda dominante, a análise dos atos de autonomia dos agentes do "mundo real", dada a ausência de um instrumental teórico adequado, fica restrita a técnicas ultrapassadas, notadamente aquelas que envolvem os institutos do contrato preliminar, propostas, aceitações, ou contrapropostas. Embora ainda pertinentes em determinados contextos comerciais, esses modelos pouco se coadunam com relações negociais de elevada complexidade. De fato, verifica-se a existência de uma rica prática negocial que não vem sendo capturada pela teoria tradicional. Trata-se de uma miríade de negócios jurídicos celebrados entre as partes durante a fase das tratativas e que cumprem as mais variadas funções naquele momento da formação da relação jurídica e do próprio programa contratual que vai sendo delineado.

Na falta de uma consagração legal expressa, com a escolha de um ou mais *nomina jurum*, essas declarações negociais recebem as mais diversas denominações, como: "carta de intenção", "memorando de entendimentos", "cartas de conforto", "cartas de princípios", "pré-contratos", "acordos não-vinculantes", etc.[6]. Ocorre que, não bastasse a

---

[5] A distinção entre deveres autônomos e deveres heterônomos será analisada na Primeira Parte.

[6] Esta polissemia não é privilégio dos direitos de língua portuguesa. Conforme a doutrina aponta, na *common law*, empregam-se

multiplicidade de denominações para o mesmo fenômeno, verifica-se concomitantemente o problema inverso, qual seja, um mesmo termo sendo utilizado para tratar de negócios jurídicos diversos[7]. E se não há um consenso quanto à melhor nomenclatura, muito mais difícil seria tentar encontrar qualquer denominador comum em termos de conteúdo ou estrutura. Um estudioso do tema, Michael Furmston, declara que nesta matéria a regra geral é não existir uma regra geral; não é possível concluir, sem uma análise do caso concreto, se um documento[8] tem ou não

---

indistintamente termos como *letter of intent, memorandum of understanding* (ou apenas MOU), *heads of agreement, protocolo d'accord, letter of understanding, term sheet, agreement* (V. LAKE, Ralph B.; DRAETTA, Ugo. *Letters of intent and other precontractual documents*: comparative anaysis and forms. 2nd ed. New Hampshire: Butterworth, 1994. pp. 3-5).

[7] ALPA, Guido. Le contrat individuel et sa définition. *Revue Internationale de Droit Comparé*, Paris, v. 40, n. 2, p. 327-350, avril-jun. 1988. p. 338. Por exemplo, costuma-se identificar como "Cartas de Intenção" quatro conjuntos diferentes de "documentos" quais sejam: *a)* documentos que buscam comunicar informações a outras partes, normalmente sem caráter vinculante; *b)* documentos que disciplinam (normatizam) as fase do processo de negociação; *c)* documentos contendo os pontos já fixados entre as partes ou, ainda, *d)* documento que, bem analisados, já contém o contrato definitivo ou uma proposta. Nesse sentido, dos "documentos" referidos acima, verifica-se que aqueles indicados no item *a)* constituem-se em atos jurídicos de natureza não volitiva, correspondendo, normalmente, a informações que uma das partes presta a outra. Tratam-se, inequivocamente, de "documentos" com pouca ou nenhuma relação entre si, o que demonstra o grau de confusão existente.

[8] O termo "documento" é empregado aqui em um sentido amplíssimo, significando, na linha adotada por Julien Ferraris, "tout ce qui peut servir de preuve ou d'information. [...] Il peut s'agir d'écrits, quels que soient leurs supports matériels, de dessins ou photographies mais aussi de maquettes, d'enregistrement sonores ou visuels... Cette énumération n'est pas exhaustive, la catégorie des documents demeurant ouvert." (FERRARIS, Julien. *Le Rôle des documents précontractuels dans*

efeito jurídico e, caso o tenha, qual será tal efeito[9]. Ou seja: *"[e]verything must depend on an objective analysis of what the*

---

l'interprétation par le juge du contrat. Paris: Publibook, 2003. p 15). Sem prejuízo, pela natureza do tema tratado, o foco do presente trabalho serão os documentos escritos produzidos ao longo da fase das tratativas. Sempre que houver uma referência a esses, eles serão qualificados de documentos preliminares, pré-contratuais ou preparatórios.

9 Uma das peculiaridades destas declarações negociais é a forma confusa, ambígua e até mesmo incompleta com que as mesmas costumam ser redigida, intencionalmente divergente da forma clara, objetiva e minudente com que os contratos, de maneira geral, o são. Três são as justificativas comumente apontadas para esta característica. A primeira, de ordem operacional, é que muitas vezes as declarações negociais pré-contratuais são manifestadas em um estágio das tratativas, nas quais as partes ainda não contam com a participação de advogados prestando assessoria na formalização dos termos da declaração que está sendo emitida. Conforme anotam Ralph Lake e Ugo Draetta: "they are often prepared at a stage of negotiation prior to the time when negotiator believe legal participation is necessary. At that stage, negotiators believe that they are operating on a basis outside the scope of legal rules. Their greatest area of concern at that stage is to set forth the respective performance of the parties rather than to provide against a potential legal liability" (LAKE; DRAETTA, Op. cit. p. 11). A segunda, e também fruto de uma má compreensão acerca da eficácia destas declarações, é a percepção equivocada e muitas vezes inconsciente de que um negócio jurídico mal redigido seria menos vinculante e obrigatório do que aquele em que as partes e um terceiro (o "juiz"), pode inequivocamente determinar qual a intenção de determinada manifestação. A terceira e, sob o aspecto técnico-negocial, mais interessante e sofisticada é que, ao examinar-se uma série de Negócios Jurídicos Preliminares desta natureza, verifica-se que sua ambiguidade evidencia a tentativa de uma das partes obrigar a outra a considerar o assunto tratado, negociado e resolvido (não sujeito a rediscussões), mas, ao mesmo tempo, reservar-se o direito de fazê-lo, se julgar oportuno. "Thus, perhaps unconsciously, each party tends to consider a letter of intent as morally and perhaps even legally obligatory only with respect to the other party. Similarly, some issuers of letters of intent may seek to encourage the other party to take action or incur expense in the anticipation of a future contract,

parties have said and done"[10]. Mais ainda, mesmo em relação às poucas declarações negociais que já possuem algum grau de tipicidade social[11], constata-se uma falta de consenso doutrinário acerca da respectiva eficácia jurídica, como é o caso das Cartas de Conforto e das Cartas de Intenções[12].

O presente estudo busca lançar luzes sobre esse fenômeno, focando naqueles documentos, corriqueiros na prática das tratativas, que buscam normatizar ou "contratualizar" a relação jurídica pré-contratual. Por falta de um termo adequado, chamaremos referido grupo de "Negócios

---

without the issuer`s incurring an obligation to enter into it or to reimburse the other party for costs incurred" (Ibid., p. 11).

[10] FURMSTON, Michael; G. J. Tolhurst. *Contract formation*: law and practice. Oxford: Oxford University Press, 2010. p. 19.

[11] Conforme esclarece Pedro Pais de Vasconcelos acerca dos "tipos sociais": "[o]s tipos contratuais podem ser legais ou extralegais. Legais são os que constam tipificados na lei; extralegais os que estão tipificados na prática. Os tipos legais não esgotam os tipos contratuais. Para além dos que constam tipificados na lei, outros tipos contratuais existem na prática da vida e da contratação. Na sua generalidade, os tipos contratuais legais foram construídos sobre os correspondentes tipos extralegais, sobre práticas contratuais que já foram típicas na sociedade. Estes tipos, que são tipos normativos, quando contrapostos aos tipos legais, que são tipos jurídicos estruturais, podem designe-se adequadamente por 'tipos sociais'." (VASCONCELOS, Pedro Pais. *Contratos atípicos*. 2. ed. Coimbra: Almedina, 2009. p. 61)

[12] Apenas para ilustrar o tema, que será retomado ao longo do trabalho, Pedro Romano Martinez e Pedro Fuzeta da Ponte tentam distinguir as cartas de intenções e as cartas de conforto, no sentido de que as primeiras seriam espécies de acordos pré-contratuais, enquanto as segundas não (ou seriam um *gentlement`s agreement* ou já um contrato). Os mesmos autores apontam, entretanto, que Agustín Viguri Perea, em clássica monografia sobre o tema, *Los tratos preliminares: las cartas de intenciones y otros documentos legales precontratuales*, defende que as cartas de conforto seriam espécie de cartas de intenções (MARTINEZ, Pedro Romano; PONTE, Fuzeta da. *Garantia de Cumprimento*. 5ª ed. Coimbra: Almedina, 2006. p. 154).

Jurídicos Preliminares,"[13] assim entendido como qualquer negócio jurídico celebrado durante o período de negociações em antecipação à realização de um negócio jurídico posterior, que assumirá uma função polarizante dentro daquela relação jurídica[14].

Para tanto, na primeira parte, analisar-se-á o processo de formação/densificação da normatividade durante a fase das

---

[13] O presente trabalho desenvolver-se-á, portanto, em torno de uma construção triangular, sendo suas três vértices: *função, estrutura* e *eficácia*. A separação entre função e estrutura não é, todavia, pacífica. A doutrina que trabalha com o raciocínio tipológico em matéria contratual inclui a causa (o que, na linha de Pothier, significaria sua função econômico-social, Cf. VASCONCELOS, Pedro Pais. Op. Cit., p. 126) como um dos elementos do tipo e, portanto, integrante da própria estrutura do contrato (V. Ibidem, pp. 121 a 130; GETE-ALONSO Y CALERA: 1979, pp. 578 e ss.). Afinal, conforme anota Maria del Carmen Gete-Alonso y Calera, a mesma estrutura contratual pode dar ensejo a diversos tipos, conforme a função econômico-social que exerça (Gete-alonso Y Calera, Maria Del Carmen. *Estructura y funcion del tipo contractual*. Barcelona: Bosch, 1979. p. 579). Esta situação pode ser corretamente apreendida quando se coteja a doação pura e a doação remuneratória, cuja diferenciação tipológica não se dá no nível da estrutura (sem considerar a causa), mas da função. Entretanto, este ponto de contato entre função e estrutura não implica na absorção do primeiro pelo segundo, o que justifica o seu tratamento em separado. No caso específico dos contratos atípicos ou socialmente típicos, como é o caso dos Negócios Jurídicos Preliminares, esta separação mostra-se fundamental para compreensão do próprio tipo.

[14] FARNSWORTH, E. ALLAN. "Precontractual Liability and Preliminary Agreements: Fair Dealing and Failed Negotiations". *Columbia Law Review*, Mar. 1987, Vol. 87, No. 2, pp. 249-250. Esse negócio jurídico polarizante é usualmente denominado de "contrato principal" ou "contrato final" (na denominação anglo-saxônica, *ultimate agreement*), assim entendido como "the polar regime sought by both parties as the goal of the negotiations. It defines the rights that have been the subject of negotiation. As to these no further negotiation is needed unless, as sometimes happens, the parties have left on or more terms open for further negotiation." (*Ibidem.*, p. 243)".

tratativas, buscando compreender o processo contemporâneo de formação do programa contratual, com destaque para a correlação entre normatividades autônomas e heterônomas[15].

Assim, no Capítulo Primeiro, será apresentado o processo de formação da normatividade durante a fase das tratativas. Nesse sentido, serão expostos os dois modelos principais que foram utilizados na análise da pré-contratualidade, quais sejam, o clássico, que vigorou até meados do século XX e tinha por premissa a simplificação do processo de formação da relação jurídica, e o contemporâneo, que surge como uma tentativa de trazer toda a complexidade fática da fase negocial para a análise da vinculação normativa das partes. No Capítulo Segundo, uma vez identificado o modelo de análise vigente, serão analisados os limites da pré-contratualidade, isto é, onde começam as tratativas e até que ponto é possível identificar uma continuidade nelas. Finalmente, no Capítulo Terceiro, à luz do modelo dogmático vigente, será analisado como ocorre o preenchimento da normatividade da relação pré-contratual, por meio da atuação de fontes autônomas e heterônomas.

Na segunda parte, tomando por base o modelo teórico delineado, buscar-se-á compreender a função e os efeitos produzidos por esse grupo de Negócios Jurídicos Preliminares na formação da relação jurídica-obrigacional.

No Capítulo Quarto, portanto, a partir da análise da função[16] econômico-social dos Negócios Jurídicos Preliminares,

---

[15] Uma versão preliminar da primeira parte foi publicada em: MARTINS, Raphael Manhães. A normatização das relações pré-contratuais. Revista dos Tribunais, São Paulo, v. 996, p. 257-308, out. 2018.

[16] Segundo Pedro Pais de Vasconcelos, função, fim e motivo não se confundem. A função diferencia-se dos demais na medida em que é iminentemente objetiva, enquanto os demais são subjetivos. Enquanto a

qualificar-se-á sua natureza jurídica e elementos tipificadores desse grupo[17].

No Capítulo Quinto, será discutido a questão da vinculação dos negócios jurídico pré-contratuais, especialmente à luz daqueles que não possuem, ao menos no plano da autonomia privada, efeitos obrigacionais .

Finalmente, no Capítulo Sexto, a partir do que foi delineado nos capítulos anteriores, será desenhado um quadro com as possíveis eficácias dos Negócios Jurídios Preliminares.

---

função situa-se no contrato, fim e motivo situam-se no sujeito. Dito de outra forma, os contratantes enquanto atuam com determinada finalidade (causa final) e movidos por determinadas motivações (causa impulsiva), o contrato desempenha uma função (causa eficiente), ou seja, é apto objetivamente a produzir determinada utilidade. (VASCONCELOS, Pedro Pais. Op. Cit., p. 132).

17 Faz-se, neste caso, referência aos denominados índices do tipo, assim explicados por Pedro Pais de Vasconcelos: "[o]s índices do tipo são aquelas qualidades ou características que têm capacidade para individualizar, para o distinguir dos outros tipos e para comparar, que com os outros tipos, na formação de séries e de planos, quer com o caso, na qualificação e na concretização [de um negócio jurídico]." (*Ibidem.*, p. 118).

PRIMEIRA PARTE
A FORMAÇÃO DA RELAÇÃO JURÍDICA PRÉ-CONTRATUAL

CAPÍTULO PRIMEIRO: OS DOIS MODELOS DE FORMAÇÃO DA RELAÇÃO JURÍDICA DURANTE AS TRATATIVAS

O modelo dogmático tradicionalmente empregado para analisar a pré-contratualidade foi pensado a partir de problemas existentes em um contexto socioeconômico diverso do contemporâneo. Aquele era marcado principalmente pelo distanciamento intersubjetivo das partes envolvidas no processo de formação do negócio jurídico. Não apenas na medida em que os contratantes poderiam estar em localidades geográficas distintas, mas pela própria precariedade dos meios de transporte e de comunicação então existentes.[18] Havia, nesse sentido, uma dificuldade para se estabelecer um relacionamento tanto "físico" quanto "virtual" entre os negociantes, elemento essencial para o desenvolvimento de negociações de maior complexidade.

Em tais condições, a fase de formação do programa contratual deveria ser breve o suficiente para viabilizar o negócio jurídico ou, melhor dizendo, a formação e subsequente manifestação da vontade de contratar, e preferencialmente resolver-se na negociação dos elementos categoriais de cada negócio jurídico realizado.[19] Assim, seus momentos/movimentos poderiam e deveriam ser pensados

---

[18] Basta levar em consideração que o primeiro código da era moderna (cf. GROSSI, Paolo. *Mitologias jurídicas da modernidade*. Florianópolis: Fundação Boiteux, 2004. p. 105), o Código Civil francês, é de 1804. Por sua vez, o primeiro aparelho que permitiu a comunicação à distância por meio de fios e eletricidade, o telégrafo, foi inventado, por Samuel Morse, quase quatro décadas depois da promulgação daquela norma.

[19] Conforme classificação proposta por Antônio Junqueira de Azevedo, os elementos categoriais de um negócio jurídico são os que servem para caracterizar a natureza jurídica de cada tipo de negócio celebrado, podendo tais elementos serem divididos em dois grupos, quais sejam, "[...] os que servem para definir a categoria de negócio e que, portanto, caracterizam sua essência [...] e os que, embora defluindo da natureza do negócio, podem ser afastados pela vontade da parte, ou das partes, sem que, por isso, o negócio mude de tipo" (AZEVEDO, Antonio Junqueira de. *Negócio jurídico*: existência, validade e eficácia. 4. ed. São Paulo: Saraiva, 2010. p. 35). Segundo o aludido jurista, seriam exemplos do primeiro grupo o consenso sobre coisa e preço, na compra e venda, a manifestação do *animus donandi* e o acordo sobre a transmissão de bens ou vantagens, na doação, e o consenso sobre a entrega e guarda de objeto móvel, no depósito; e do segundo grupo, a responsabilidade pela evicção, na compra e venda e nos contratos onerosos de disposição de bens, e a gratuidade no depósito, no mútuo e no mandato. (AZEVEDO, Antonio Junqueira de. Op. cit., p. 35-36).

a partir de um entrecruzar-se de "ofertas", "aceitações", "recusas" e "contrapropostas".

Ainda que se reconhecesse a existência de declarações manifestadas durante as tratativas, se as mesmas não estivessem vestindo uma das roupagens deste "jogo de ofertas",[20-21] elas seriam desprovidas de qualquer eficácia – sendo sempre e depreciativamente tratadas como mera troca de minutas ou de instrumentos não-vinculantes – mesmo

---

[20] Ou, conforme jocosamente referido por Francisco Cavalcante Pontes de Miranda: o "jogo de tênis de ofertas" (PONTES DE MIRANDA, Francisco Cavalcanti. *Tratado de Direito Privado*: parte especial. Rio de Janeiro, Borsoi, 1962. t. XXXVIII. p. 26).

[21] Na prática comercial norte-americana, uma versão desse "jogo de ofertas" é a denominada *Battle of Forms*. Nessa "batalha", a troca de ofertas e contrapropostas transforma-se em um mero expediente formal e burocrático, desvinculado de qualquer preocupação com o delineamento da intenção das partes na celebração de um contrato. Stewart Macaulay, baseando-se em estudo de Lisa Bernstein, descreve, com contornos anedóticos, o seu desenrolar: "[w]hen we face an exchange of contract forms containing conflicting terms and conditions, the problem is more complex than in a simple form contract situation. Often the seller`s proposal forms seek to ward off liability for late or defective performance and expand the seller`s remedies in situations where it looks as if the buyer will not pay. The buyer`s purchase order rejects all of the seller`s terms and, not uncommonly, includes a clause allowing the buyer to cancel the order `for convenience`, with only an obligation to pay for some reliance losses. Often it will attempt to transform any action by the seller into an acceptance of the buyer`s terms. The seller`s acknowledgment-of-order form accepts the order but seeks to reject all of the buyers terms. The forms are exchanged. No one reads the terms and conditions on any of these forms. They are filed away and forgotten. Trouble arises, and even then no one turns to the documents" (MACAULAY, Stewart. Relational contracts floating on a sea of custom? Thoughts about the ideas of Ian Macneil and Lisa Bernsteins. *Northwestern University Law Review*, Chicago, v. 94, n. 3, Spring 2000. p. 798).

que outra fosse a intenção das partes.[22] A premissa, portanto, é que a realização de um negócio jurídico (e não a operação socioeconômica) seria a finalidade das tratativas, não se justificando que declaração negocial anterior – ressalvada pela eventual promessa de negócio jurídico – pudesse atravessar o caminho formativo da relação jurídica.

Tratava-se, portanto, de um modelo dogmático uninuclear e estático do processo de desenvolvimento da relação jurídica, no qual todo o fenômeno nomogênico[23] estaria concentrado na manifestação volitiva que daria ensejo ao negócio

---

[22] No direito brasileiro, esse entendimento da fase pré-contratual vigorou até meados do século XX. Cite-se, por exemplo, as opiniões de SANTIAGO DANTAS, Francisco Clementino. *Programa de Direito Civil II*: contratos. Rio de Janeiro: Rio, 1978. p. 168; CARVALHO DE MENDONÇA, José Xavier. *Tratado de Direito Comercial brasileiro*: 1ª parte. 5. ed. atual. por Aquiles Bevilaqua e Roberto Carvalho de Mendonça. Rio de Janeiro: Freitas Bastos, 1955. v. 6. p. 457; BEVILAQUA, Clovis. *Código Civil dos Estados Unidos do Brasil*. Rio de Janeiro: Rio, 1979. v. IV. p. 194; e SERPA LOPES, Miguel Maria de. *Curso de Direito Civil*: fontes das obrigações: contratos. v. III. 2. ed. Rio de Janeiro: Freitas Bastos, 1957. p. 74.

[23] O conceito de nomogênese foi empregado por Miguel Reale para tratar de uma das fases essenciais da experiência jurídica, qual seja, a criação da regra jurídica. Conforme observa o jusfilósofo: "[t]oda norma jurídica corresponde ao momento culminante de uma multiplicidade às vezes considerável de fatores, os quais podem ser conglobados, de modo geral, em duas categorias, ou 'dimensões', a ordem axiológica e a ordem fática. Podemos distinguir, em primeiro lugar, um 'complexo de exigências axiológicas', que dá lugar a uma nova norma, alterando ou substituindo as normas já existentes; tal 'complexo de exigências axiológicas' não opera *in abstracto* é óbvio, mas condicionado por um 'complexo de circunstâncias fáticas': é dessa correlação fático-axiológica que se origina a norma ou um 'complexo-de-normas'" (REALE, Miguel. *O Direito como experiência*: introdução à epistemologia jurídica. São Paulo: Saraiva, 1968. p. 192-193).

jurídico.[24] De acordo com este modelo: a um, as partes encontrariam na intenção de realizar determinado negócio jurídico a única justificativa para uma aproximação; a dois, o negócio jurídico serviria de marco lindeiro entre a ausência de vinculação e a vinculação negocial[25]; a três, até a formação do negócio jurídico, os movimentos das partes apenas ganhariam relevância jurídica quando qualificáveis como proposta, contraproposta, recusa ou aceitação, sendo o restante jogado na vala comum do "não jurídico"; e, a quatro, após a realização do negócio jurídico, não haveria espaço jurídico legítimo para negociações, apenas para preparação da execução – no caso dos contratos com prestação a termo – e execução propriamente.

Cumpre notar, entretanto, que a convenção sobre a irrelevância jurídica de determinadas manifestações de vontade é apenas isto: uma "convenção" e não algo que decorresse da natureza das coisas. Num ambiente comercial de baixa complexidade, tratava-se de uma simplificação possível e até mesmo necessária para o eficiente

---

[24] O contrato, nesse modelo, marcava o início de vinculação e de obrigatoriedade para as partes contratantes, servindo, conforme observado por Mariana Fontes da Costa, como fator de cristalização de duas realidades opostas, quais sejam, 'a total ausência de vinculação jurídica até à celebração do contrato, por um lado, e a subsequente vinculação ao regime contratual após a eficácia da aceitação, por outro'" (COSTA. Op. cit., p. 73).

[25] Conforme esclarece João Baptista Machado acerca dessa separação: "[a]o criar a possibilidade de vinculação jurídica mediante decisão de vontade, o direito cria necessariamente o poder ou liberdade de arbítrio que é o seu correlato necessário. Para se defender de uma vinculação contratual, bastará ao indivíduo 'não querer' contratar. Este poder negativo, um poder não fazer, uma liberdade: a liberdade de não se vincular" (BAPTISTA MACHADO, João. *Obra Dispersa*. v. I. Braga: Scientia Iuridica, 1991. p. 462-463).

funcionamento do processo de formação do programa contratual, facilitando a análise e reflexão dos contratantes. Afinal, reduzindo o momento pré-contratual ao "jogo de ofertas", os principais riscos jurídicos que tal modelo dogmático precisaria disciplinar seriam os eventos que interferissem na transmissão da manifestação de vontade à outra parte e nos problemas que adviriam da demora entre a emissão da oferta e sua aceitação ou a emissão de uma contraoferta. Qualquer outra questão relacionada ao processo de formação do programa contratual lhe era indiferente ou, melhor dizendo, imperceptível pelo modelo. Importante observar a forma como esse modelo dogmático ressoou em diversos modelos legislativos, especialmente naqueles que sofreram uma influência mais forte do Código Civil alemão.[26] Talvez onde esse fenômeno tenha ocorrido de forma mais intensa seja justamente no Brasil, quando da promulgação do Código Civil brasileiro de 1916 (Lei 3.071, de 1º de janeiro de 1916), enquanto "passo fundamental para realização da modernização liberal brasileira".[27] Na parte

---

[26] CF. PONTES DE MIRANDA, Francisco Cavalcanti. *Tratado de Direito Privado*: parte especial. Rio de Janeiro, Borsoi, 1971. t. XX. p. 254-255.

[27] GRINBERG, Keila. *Código Civil e cidadania*. Rio de Janeiro: Zahar, 2001. p. 34-35. Neste ponto, isto é, no tratamento dispensado à formação do vínculo contratual, o Código Civil de 1916 retrata a tensão existente entre o capitalismo de classe média nacional em formação, no início do século XX, e o contexto ainda agrário e arcaico brasileiro, que ainda impunha obstáculos a quaisquer transformações no sistema de normas de Direito privado. Nas palavras de Orlando Gomes, em estudo acerca das bases históricas e sociológicas do referido Diploma: "O Código Civil é obra de homens da classe média, que o elaboraram nesse estado de espírito, isto é, na preocupação de dar ao país um sistema de normas de Direito privado que correspondesse às aspirações de uma sociedade interessada em afirmar a excelência do regime capitalista de produção. Mas esse propósito encontrava obstáculos na estrutura agrária do país e não

destinada a regular as relações contratuais – o Título IV, do Livro III, de sua Parte Especial – o legislador elencou, já no Capítulo 1, denominado de "disposições gerais", os mecanismos de formação do contrato. No conjunto de dispositivos que tratam especificamente deste tema (os artigos 1.080 a 1.088), verifica-se claramente o modelo retrodelineado: os nove artigos que tratam da formação do contrato apenas fazem referência ao aludido "jogo de ofertas", indicando as situações nas quais a proposta vincula o proponente; estabelecendo os requisitos segundo os quais a aceitação é apta a criar o contrato e obrigar as partes; regrando as situações de conclusão do contrato, quando ofertante e ofertado encontram-se em localidades diferentes; e tratando dos problemas atinentes à troca de manifestações de vontade quando essas ocorrerem por meio epistolar.

As declarações negociais manifestadas durante as tratativas e que não se enquadram neste "jogo" mereceram apenas uma referência superficial no artigo 1.088, ao estabelecer que "[q]uando o instrumento público for exigido como prova do contrato, qualquer das partes pode arrepender-se, antes de o

---

recebia estímulos de uma organização industrial a que somasse o ímpeto libertário da burguesia mercantil. A classe média, que o preparou por seus juristas, estava presa aos interesses dos fazendeiros, que, embora coincidentes imediatamente com os da burguesia, não toleravam certas ousadias" (GOMES, Orlando. *Raízes históricas e sociológicas do Código Civil brasileiro*. São Paulo: Martins Fontes, 2006. p. 30-31). No mesmo sentido, Tullio Ascarelli, emprestando-nos seu arguto "olhar estrangeiro", vislumbrava nesta tensão entre estruturas pré-capitalistas e a nova mentalidade industrialista uma das "premissas implícitas" para a compreensão do Direito brasileiro (*apud* COMPARATO, Fábio Konder. O direito brasileiro na visão de Tullio Ascarelli. In: Idem. *Novos ensaios e pareceres de Direito Empresarial*. Rio de Janeiro: Forense, 1981. p. 7 e ss.). Para uma análise desta tensão entre modernidade e tradição no Código Civil, remetemos ao estudo de GRINBERG. Op. cit., passim.

assinar, ressarcindo à outra as perdas e danos resultantes do arrependimento."

Essa regulação aliada à sua posição sistêmica denota uma tomada de posição por parte do legislador, tanto indicando a primazia de um modelo de formação da relação contratual em detrimento de outras possibilidades, quanto manifestando seu entendimento acerca da inexistência de qualquer ato jurídico, na fase pré-contratual, dotado de eficácia jurídica antes ou além do "jogo de ofertas".[28]

No que interessa ao presente estudo, esse modelo ou "quadro-de-ferro" - valendo-se da expressão de Arno Wehling - reflete certas concepções liberais em relação ao processo de formação do contrato e que se adequavam ao que então se esperaria do negócio jurídico subsequentemente realizado.[29] Isso na medida em que, sob o aspecto genético, tal processo representava alegoricamente o encontro de vontades no sentido de formar o negócio jurídico; sob o funcional, serviria ele para comprovar que houve o encontro, sem propor uma maior indagação acerca de qual realmente seria essa vontade; e, sob o político/social, o "jogo de ofertas" legitimava o contrato a ser formado ao

---

28 Refletindo, nesse ponto, a opinião do autor do projeto, Clovis Beviláqua, que entendia que a proposta era o momento inicial da formação de um contrato (BEVILÁQUA. Op. cit., p. 194).

29 Há inegavelmente uma relação entre o modelo do "jogo de ofertas" e a ideia kantiana de contrato que, segundo observa Miguel Reale, fundava-se numa "visão global do homem e de sua radical eticidade, por ser-lhe inata a liberdade, tanto no plano teorético, enquanto poder nomotético do espírito capaz de ordenar racionalmente os elementos empíricos dispersos do real, como no plano prático, ao condicionar as relações sociais, ordenando-as segundo normas jurídicas de validade geral" (REALE, Miguel. *Nova fase do direito moderno*. 2. ed. São Paulo: Saraiva, 1998. p. 16-17).

destacar um momento de conciliação dos interesses contrapostos das partes.[30]

Ocorre que, diferente do que tal modelo comportava, a prática negocial transformou-se ao longo dos últimos dois séculos – principalmente a partir de meados do século XX – por diversos fatores de ordem social, tecnológica e econômica. E, como seria natural, tais transformações influenciaram a forma como pensamos o contrato, o seu processo de formação[31] e a própria constituição/formatação da relação jurídico-obrigacional.

O ponto que tem chamado mais atenção dos estudiosos do Direito são as perplexidades relacionadas às restrições

---

[30] Cf. SALOMÃO FILHO, Calixto. Breves acenos para uma análise estruturalista do contrato. *Revista de Direito Mercantil, Industrial, Econômico e Financeiro*, São Paulo, v. 141, jan.-mar. 2006. p. 14. O aspecto político desempenhado pela vontade e, mais especialmente, pelos contratos é apontado por ROPPO, Enzo. *O contrato*. Coimbra: Almedina, 2009. p. 24 e ss.

[31] Conforme observa Enzo Roppo: "[o] fenómeno explica-se facilmente a partir do momento em que se reflicta na multiplicação e complexidade das operações económicas, por sua vez determinadas pela crescente expansão das actividades de produção, de troca, de distribuição de serviços: as regras jurídicas que disciplinam os contratos correspondentes àquelas operações económicas devem, também elas, multiplicar-se, de modo a favorecer uma resposta adequada às novas exigências e aos novos interesses que assim vêm emergindo" (ROPPO. Op. cit., p. 22). Como consequência, é acertada a opinião de Arnoldo Wald, para quem: "[d]e um lado, já não bastam os retoques incidentais para manter um instituto que, tendo sofrido grandes transformações, exige o reconhecimento das respectivas conseqüências pela dogmática jurídica, a fim de evitar que os conceitos se afastem da realidade. Trata-se, pois, de repensar os institutos, redefinindo as suas características, não bastando manter o nome ou a forma, para que uma técnica jurídica se mantenha com o mesmo conteúdo" (WALD: Arnoldo. O contrato: passado, presente e futuro. *Revista Cidadania e Justiça*. Rio de Janeiro, jan.-jun. 2000. p. 49).

impostas à liberdade contratual, quer pelo desenvolvimento e aplicação de ideias e teses solidaristas e social-democratas, quer pela hipertrofia do Estado. Nesse contexto, restringiu-se a tal ponto a liberdade de contratar e de estipular o conteúdo do contrato – dois dos planos da liberdade contratual – que muitos chegam a questionar qual o espaço relegado à autonomia privada na denominada "sociedade de consumo". Mas, além dos problemas relacionados à extensão da autonomia privada[32] dos contraentes, é necessário notar que os antigos sujeitos da relação jurídica mudaram sua forma de atuação a um novo contexto socioeconômico marcado pela internacionalização das transações comerciais,[33] pela crescente complexidade dos

---

32 Acerca da distinção entre autonomia privada e autonomia da vontade, remeta-se a Francisco Amaral Neto, que esclarece: "[p]ara a concepção tradicional, clássica, subjetiva, existe sinonímia nas expressões 'autonomia privada', 'autonomia da vontade' e 'liberdade contratual', que significam ser a pessoa livre e soberana para decidir se, quando e como vincular-se obrigacionalmente. Teoria mais recente contesta essa concepção, considerando não haver identidade entre autonomia da vontade e autonomia privada. A autonomia da vontade dá relevo à vontade subjetiva, psicológica, enquanto que a tese da autonomia privada destaca a vontade objetiva, que resulta da declaração ou manifestação de vontade, fonte de efeitos jurídicos" (AMARAL NETO, Francisco dos Santos. A autonomia privada como poder jurídico. In: AA.VV. *Estudos jurídicos em homenagem ao professor Caio Mário da Silva Pereira*. Rio de Janeiro: Forense, 1984. p. 293).

33 Segundo Mariana Fontes da Costa, o reconhecimento de uma normatividade autônoma na fase das tratativas está intrinsecamente vinculado ao desenvolvimento de negociações de maior complexidade no plano internacional. Afinal, "a celebração de contratos por sujeitos inseridos em ordenamentos jurídicos diferentes coloca desafios especiais às partes, no que concerne ao controlo das circunstâncias jurídicas envolventes. Por um lado, existem diferenças significativas entre os regimes dos diversos ordenamentos jurídicos [...] e, por outro, as partes

negócios jurídicos[34] e das estruturas econômicas subjacentes.[35]

---

podem não estar familiarizadas com o ordenamento jurídico da parte contrária, não tendo conhecimento sólido das consequências jurídicas que ele prevê para aquele contrato, nem das suas normas de conflito. Essa situação de incerteza gera uma forte insegurança negocial, que leva os contraentes, sobretudo em negociações mais complexas, a optarem por reduzir a escrito o decurso do processo negocial, procurando a sua regulação: a incerteza da plurilocalização é substituída pela criação voluntária de um quadro jurídico unificado de regulação do processo de negociações" (COSTA. Op. cit., p. 74-75).

[34] Entre os muitos exemplos possíveis desta complexificação dos negócios jurídicos, a categoria que provocou maior ruptura com o pensamento tradicional foi a categoria dos "contratos duradouros", cuja compreensão demanda uma desestruturação de todos os pressupostos dos modelos contratuais clássicos. Conforme observa Paula Forgioni: "[n]esses contratos, as partes, patrimonialmente autônomas, mantêm áleas distintas, embora interdependentes. Nem sociedade, nem intercâmbio, mas uma categoria que se situa entre esses dois polos [...] o negócio não visa a estabelecer apenas regras sobre trocas, mas balizar a relação entre as partes. No instrumento do contrato empregam-se termos amplos, sem significado claramente definido no momento da celebração. Lançam-se as bases para o estabelecimento de um comportamento colaborativo, indo além do mero estabelecimento de deveres e obrigações específicos" (FORGIONI, Paula A. *A evolução do Direito Comercial brasileiro*: da mercancia ao mercado. São Paulo: Ed. RT, 2009. p. 166). A reflexão em torno dessa categoria de contratos levou o Ian Macneil a formular a teoria dos contratos relacionais, que ele expõe em: MACNEIL, Ian. *O novo contrato social*. Rio de Janeiro: Elsevier, 2009, e, mais recentemente, em CAMPBELL, David et. al. (Ed.). *The relational theory of contract*: selected works of Ian Macneil. London: Sweet & Maxwell, 2001. p. 365-385.

[35] Conforme observam LAKE, Ralph B.; e DRAETTA, Ugo. Op. cit. p. xxi): "Large transactions, such as the sale and installation of infrastructure facilities, turn-key projects for the construction of production facilities, arrangements for the exploration of natural resources, corporate acquisitions and mergers, and transfers of technology are enormously complex. The legal agreements that deal with such complexity are

Sem qualquer pretensão de esgotar todas as múltiplas transformações que atingiram a moderna prática negocial, poder-se-ia apontar três ordens de mudanças estruturais que afetarão a forma como se pensa o processo de formação de programas contratuais e, em especial, a fase de tratativas. São elas: (i) a superação de uma visão individualista por uma relação de cooperação entre os contratantes;[36] (ii) a flexibilização do conteúdo do contrato; e (iii) a relativização do contrato enquanto momento de consolidação normatização da relação jurídica.

Em relação ao primeiro ponto, verifica-se a superação da percepção da relação contratual como sendo um momento

---

'necessarily very elaborate', and often involve contracts of many thousands of pages. The negotiation of such contracts can be a very lengthy process, often lasting years. In addition to the necessity of agreeing on myriad details, the participation of third parties, such as financial institutions, governmental officials, subcontractors, and consultants in the negotiation is essential. Indeed, in many large transactions of the type described in the process of planning the contractual structure itself the `shape of the table' is a major endeavor and can result in lengthy negotiations".

36 Essa percepção está no cerne da teoria desenvolvida por Clóvis V. do Couto e Silva, em sua tese de cátedra, intitulada *A obrigação como processo*, de 1964. Em suas palavras: "[a] inovação, que permitiu tratar a relação jurídica como uma totalidade, realmente orgânica, veio do conceito do vínculo como uma ordem de cooperação, formadora de uma unidade que não se esgota na soma dos elementos que a compõem. Dentro dessa ordem de cooperação, credor e devedor não ocupam mais posições antagônicas, dialéticas e polêmicas. Transformando o status em que se encontravam, tradicionalmente, devedor e credor, abriu-se espaço ao tratamento da relação obrigacional como um todo" (COUTO E SILVA, Clóvis V. do. *A obrigação como processo*. Rio de Janeiro: FGV, 2006. p. 19). Para uma análise da relação obrigacional como uma relação de cooperação, ver, por todos, MARTINS-COSTA, Judith Hofmeister. *Comentários ao Novo Código Civil*: do Direito das Obrigações: do adimplemento e da extinção das obrigações: artigos 304 a 388. 2. ed. Rio de Janeiro: Forense, 2005. t. I. v. V. p. 27 e ss.

de antagonismo, dialético e polêmico, entre duas figuras abstratas: o credor e o devedor. Nesta concepção tradicional, as partes de um contrato deveriam submeter-se a uma lógica pela qual caberia a cada uma buscar, a todo o custo, os seus interesses egoísticos. Paradoxalmente, pela dialética de ambas as partes buscando seus respectivos interesses, chegar-se-ia a um contrato justo e equilibrado, capaz de propiciar a satisfação das partes no negócio. O lema desta mundivisão seria: "quem diz contratual, diz justo".

Ocorre que, conforme observa Ian Macneil, "contrato entre indivíduos totalmente isolados, que buscam a maximização de seus benefícios não é contrato, mas guerra".[37] A perspectiva que vem se desnudando, desde a primeira metade do século XX, trata a relação contratual como uma relação de cooperação, voltada teleologicamente à realização de um fim que é comum às partes contratantes. Isto é: faz-se necessário o reconhecimento de um fim comum que se sobreponha ao interesse individual e determina um modo de atuação que permita a realização das finalidades inerentes à operação regulada pelo contrato.

Independente de alguns exageros que essa visão possa ter gerado na teoria contratual[38], fato é que o contrato passou a

---

[37] MACNEIL, Ian. Op. cit. 2009, p. 1. Neste sentido, a superação desta perspectiva constitui "um imperativo categórico do mundo de hoje, caracterizado pelos economistas como sendo o da descontinuidade, da incerteza e da mudança" (WALD. Op. cit., p. 47).

[38] Autores de uma vertente mais solidarista chegam a defender que "[...] o contrato só tem sentido lógico e teleológico enquanto disciplina criadora de convergência de interesses entre as partes, enquanto estrutura capaz de organizar os interesses das partes conflitantes" (SALOMÃO FILHO. Op. cit., p. 14). Assiste razão, entretanto, à Eva Sónia Moreira da Silva, quando pondera que o dever de cooperação deve ser medido *cum grano salis* e delimitado pela incidência do princípio da boa-fé objetiva no caso concreto: "[é] certo que o contrato não pode ser visto

ser percebido como uma forma ou instrumento de cooperação voltado à satisfação dos objetivos delineados como o propósito negocial daquela relação jurídica.[39] Sob o aspecto mais pragmático, essa perspectiva almeja materializar os deveres identificados como decorrentes da boa-fé, em sua perspectiva objetiva, como os deveres de informação, lealdade, cuidado etc., e proteger as legítimas expectativas criadas pelas partes na contraparte.

A segunda mudança estrutural, que poderíamos denominar de "flexibilização do contrato", decorre da percepção de que o contrato deixou de ser visto como um esforço de "presentificação" de todas as possíveis ocorrências futuras. Afinal, tradicionalmente e em virtude da ideia de uma imutabilidade das prestações, o contrato representava o momento em que as partes deveriam assentar e regulamentar os efeitos jurídicos de todos os riscos sobre a relação jurídica, mesmo quando sua materialização

---

apenas como um instrumento para a prossecução dos interesses divergentes das partes que, no decurso das negociações, encontrarão a melhor forma da sua conciliação. É, igualmente, verdade que a expressão 'quem diz contratual, diz justo' há já muito que foi afastada por reconhecidamente irreal. Mas não podemos cair no extremo contrário e defender que o contrato é um espaço de solidariedade, de mera cooperação entre as partes. Esta visão distorce a realidade. Necessariamente, o contrato terá como função primordial a prossecução dos interesses de cada um, interesses estes que serão divergentes; contudo, um contraente não poderá ignorar, por completo, os interesses da contraparte, se a lealdade decorrente da boa-fé lhe impuser. O princípio da boa-fé há de impor o respeito pela confiança legítima da contraparte nas negociações e o respeito por uma certa igualdade [...]" (SILVA, Eva Sónia Moreira. *Da responsabilidade pré-contratual por violação de deveres de informação.* Coimbra: Almedina, 2006. p. 78).

39 WILHELMSSON, Thomas. *Perspectives of Critical Contract Law.* New Hampshire: Dartmouth Publishing, 1993. p. 21

impactasse substancialmente a equação contratual original.[40] Parafraseando um brocardo tradicional, o que não estava no contrato, não existia no "mundo".

Tal perspectiva, entretanto, se mostrava insustentável não apenas na medida em que o "mundo" impunha sua presença à relação contratual, conforme evidenciam as mais elementares oscilações nos planos micro e macroeconômicos. Mas – e talvez mais sutil – o próprio contrato é insuficiente ou inadequado para tentar agarrar a complexidade da realidade subjacente, ou, nas palavras de um cancioneiro popular, "nenhuma rede é maior que o mar".[41]

Nesse sentido, verificou-se primeiramente a necessidade de adequar o contrato às mutações materiais após a sua formação, reconhecendo-se, no caso do Direito brasileiro, a teoria da onerosidade excessiva do contrato ou a teoria da base objetiva do negócio jurídico, conforme a natureza da relação jurídica de referência.[42]

---

[40] Conforme observa Arnoldo Wald: "[...] o contrato, no passado, era uma espécie de bolha ou ilha, independente, alheia aos acontecimentos e prevalecendo sobre as eventuais modificações fáticas e legislativas. Atualmente, o contrato se transformou num bloco de direitos e obrigações de ambas as partes, que devem manter o seu equilíbrio inicial [...]. Assim, em vez do contrato irrevogável, fixo, cristalizado de ontem, conhecemos um contrato dinâmico e flexível, ao qual as partes querem e devem adaptar-se para que ele possa sobreviver, superando, pelo eventual sacrifício de alguns dos interesses das partes, as dificuldades encontradas no decorrer da sua existência" (WALD. Op. cit., p. 46). Sobre esse tema, remetemos às considerações desenvolvidas por Laura Coradini Frantz (FRANTZ, Laura Coradini. *Revisão dos contratos*. São Paulo: Saraiva, 2007, passim).

[41] LENINE; QUEIROGA, Lula. A rede. *Acústico MTV*, Faixa 3. Rio de Janeiro: Sony BMG, 2006.

[42] Sobre o tema, remetemos mais uma vez ao estudo de Laura Coradini Frantz.

E indo além do reconhecimento de externalidades que impactem o programa contratual, passou-se a reconhecer que a incompletude não seria uma patologia, mas a normalidade de um processo de formação da relação jurídica. Pode mesmo acontecer de tais lacunas decorrerem de um comportamento estratégico das partes que, a fim de evitar enfrentar questões que gerem um impasse nas negociações, postergam a decisão sobre pontos jurídicos controversos para um momento posterior à própria constituição do vínculo contratual.[43] Nesses casos, uma vez negociado os aspectos econômicos do contrato (preço, forma de pagamento, especificações do bem ou do serviço etc.), algumas das questões jurídicas mais controvertidas são deixadas de lado para serem resolvidas quando (se) o risco materializar-se. Entretanto, não sendo esse o caso, a incompletude contratual pode ainda ser uma necessidade do próprio negócio, pela impossibilidade de previsão do futuro, a improbabilidade do acontecimento de certos fatos, o desconhecimento de determinados eventos antes da conclusão do negócio, os custos de transação relacionados a uma maior completude contratual, bem como a própria imprecisão da linguagem empregada[44].

---

[43] FORGIONI. Op. cit., p. 70-71.

[44] A estratégia de não trazer à discussão determinada matéria durante as tratativas é usual. É bem verdade que, em muitos casos, essa "omissão" pode decorrer de uma compreensão jurídica da matéria. Nessa primeira hipótese, a estratégia fundamenta-se na crença de existir argumentos consistentes para defender que, caso se materialize um risco, a outra parte terá que suportá-lo se não houver uma disposição específica em sentido diverso. Entretanto e mais relevante para a situação analisada, não é extraordinária que uma parte não traga um tema para discussão apenas por considerar a relação de custo benefício entre a propabilidade de ocorrência do evento, de um lado, e o podencial de a discussão travar o desenvolvimento das tratativas ou ser usando como instrumento de barganha pela outra parte, de outro.

Finalmente, um terceiro elemento que impactou a concepção atual do contrato e o seu processo de formação é a relativização da ideia da celebração do contrato enquanto momento de criação da normatividade de uma relação jurídica. Partindo da teoria clássica das fontes das obrigações,[45] que identificava no binômio contrato/lei toda a força nomogênica de uma relação jurídica, já não se busca no instrumento contratual toda a regulação jurídica a que as partes devem se submeter. Mais ainda, percebe-se que o contrato é apenas (mais) um dos fatos jurídicos que podem afetar o conteúdo de uma relação jurídica. Ele não é nem o primeiro – uma vez que se reconhece na categoria do contato social uma fonte anterior ao contrato nas relações jurídico-obrigacionais[46] – nem o mais importante – qualidade que deve ser atribuída aos atos jurídicos que realizam o interesse material das partes de determinada relação jurídica, como o adimplemento dos deveres principais, secundários ou aqueles instrumentais emanados da cláusula geral da boa-fé. Ao subtrair o contrato da posição que ocupava num modelo clássico, passou-se a reconhecer a juridicidade de certas práticas negociais que, até então, pareciam afrontar a "natureza das coisas", como a realização de negócios jurídicos contratuais antes da celebração do "contrato

---

[45] Conforme Clóvis do Couto e Silva: "[a] crise da teoria das fontes resulta da admissão de princípios tradicionalmente considerados meta-jurídicos no campo da ciência do direito, aluindo-se, assim, o rigor lógico do sistema com fundamento no puro raciocínio dedutivo. Em verdade, outros fatores passaram a influir poderosamente no nascimento e desenvolvimento do vínculo obrigacional, fatores esses decorrentes da cultura e da imersão dos valores que os códigos revelam no campo social e das transformações e modificações que produzem" (COUTO E SILVA. Op. cit., p. 65).

[46] Este tema será retomado no Capítulo Segundo, a seguir.

principal"[47] ou o fenômeno da contratação progressiva, em que o regramento contratual vai sendo gradativamente criado pelos contratantes, conforme a necessidade e o desenvolvimento do programa contratual.[48]

Enfim, verifica-se que, apesar de nos referimos genericamente a "contrato", o conceito que lhe é subjacente tem sofrido profundas alterações. A título de síntese, poderíamos dizer que o contrato perdeu a sua centralidade na relação jurídica, deixando de ser percebido como o exclusivo momento de criação, consolidação ou presentificação dos elementos de uma relação jurídica dinâmica. E, nos espaços deixados pelo contrato, surgiu uma

---

[47] Tais são os chamados negócios jurídicos preparatórios, isto é, negócios jurídicos que, situando-se no processo de formação de um negócio jurídico definitivo, antecipam a vinculatividade e obrigatoriedade de determinadas cláusulas e condições desse negócio jurídico, integrando-se nele após a sua conclusão (TROIANO, Riccardo; NINNO, Alessandro del. *La conclusione del contratto.* Torino: Utet, 2004. p. 3). Conforme anotam Riccardo Troiano e Alessandro del Ninno, entretanto, "[l]a nozione di contratti preparatori è tuttavia più ampia, dal momento che si riconosce che ne facciano parti tutti gli atti strumentali rispetto al contratto finale e 'preparatori' di esso, ma che non entrano nella sua struttura (la proposta e l'accettazione, che pure sono atti preparatori, costituiscono invece gli elementi costitutivi del contratto)". (Idem).

[48] "[...] invece si realizza quella che viene chiamata 'formazione progressiva del contratto' in quanto l'accordo si forma di volta in volta su singoli punti e l'accettazione ultima non si incontra soltanto con una proposta, ma comprende tutta una serie di proposte ed accettazioni parziali" (TROIANO, Riccardo; NINNO, Alessandro del. Op. cit. p. 2). Conforme observam Ricardo Troiano e Alesandro del Ninno, o problema fundamental da técnica da formação progressiva do contrato é determinar a eficácia dos acordos individuais sobre as diversas cláusulas contratuais, tanto para verificar em que momento se pode identificar a formação de um contrato, como na hipótese de as partes não conseguirem concluir a negociação de todos os pontos inicialmente previstos.

miríade de práticas negociais, algumas inclusive de natureza contratual, para atender as mais diversas necessidades jurídico-econômicas.

Essa alteração impacta diretamente na compreensão da fase das tratativas. Isso é verificável, por exemplo, naquelas relações jurídicas em que o programa contratual estabelecido envolve negócios jurídicos coligados e que se formam em momentos diversos.[49] Ou ainda nas situações em que o negócio jurídico é formando gradualmente, com as partes estabelecendo sucessivamente os pontos de um único negócio jurídico, cuja complexidade demanda acordos parcelares,[50] não sendo raro que os acordos parcelares já sejam dotados de eficácia jurídica.

---

[49] Um exemplo que pode ser citado são as relações jurídicas formadas entre empresas concessionárias para a exploração de blocos de petróleo. O programa contratual que se inicia durante o processo de licitação para exploração de determinado bloco e extingue-se com o fim das obrigações relacionadas à concessão é atravessado por uma série de negócios jurídicos, todos precedidos por fases de tratativas de maior ou menor complexidade. Cite-se, neste sentido, apenas os mais importantes negócios jurídicos que poderão vir a ser celebrados ao longo deste programa contratual: i) os Contratos para Participação em Licitação (*Joint Bidding Agreement*); ii) os Acordos de Operações Conjuntas (os *Joint Operating Agreement* – JOA); iii) os Acordos de Cessão de Posição Contratual (*Farmout Agreement*); iv) os Acordos de Unitização (*Unit Agreement*); e v) os Contratos de Compra e Venda de Ativos. Sobre o tema dos negócios jurídicos na indústria do petróleo, V. MARTIN, A. Timothy. Model contracts: a survey of the global petroleum industry. *Journal of energy & natural resources law*, London, v. 22, n. 3, p. 281-340, Aug. 2004.

[50] Conforme anota Fernando Jorge Pessoa, "[é] evidente que as partes não discutem tudo de uma vez: normalmente só passam ao estudo e discussão de um ponto, depois de terem acordado no que estava antes a ser objeto de negociação. E é normal também que a preparação do acordo comece pelos aspectos mais importantes do contrato: se se trata de uma compra e venda, as partes em regra só discutem questões como a do

Nessas relações, a um, os negócios jurídicos realizados mostram-se momentos privilegiados de aproximação (densificação normativa) das partes, mas não os únicos; a dois, a vinculação possui eficácia graduável e funcionalizada aos interesses econômicos e sociais envolvidos; a três, todos os movimentos que demonstrem manifestações de autonomia privada ganham relevância, ainda que não se traduzam em um negócio jurídico, mas em declaração negocial ou mesmo um *lato* fato jurídico; e, a quatro, em um único programa contratual, momentos de tratativas e prestacionais coexistem, comunicam-se e exercem mútua influência.[51]

Essa perspectiva para a fase das tratativas demanda a superação do modelo uninuclear e estático, por uma construção polinuclear - eventualmente, multinuclear - e dinâmica da relação jurídica. Não porque aquele tenha perdido completamente a sua utilidade, mas pelo reconhecimento de que situações negociais de maior complexidade demandam um aparato metodológico mais sofisticado.

O ponto chave dessa reconstrução dogmática passa pelo reconhecimento da autonomia privada não como um estalo que ocorre quando da realização do negócio jurídico. Ela é uma luz que constantemente ilumina a relação jurídica, ora

---

tempo e lugar da entrega da coisa, depois de terem chegado a um acordo sobre a coisa a vender e sobre o respectivo preço, embora, pela própria natureza, e fins dos preliminares, esse acordo seja provisório, enquanto poderá vir a ser alterado ou, pura e simplesmente a não ter seguimento por se romperem as negociações" (JORGE, Fernando de Sandy Lopes Pessoa. A formação do contrato à face do novo Código Civil português. *Revista Forense,* Rio de Janeiro, v. 249, jan.-mar. 1975. p. 56).

[51] Em sentido contrário, entendendo que não há interpenetração dos referidos momentos, Cf. GILIKER, Paula. *Pre-contractual liability in English and French Law.* Hague: Kluwer Law International, 2002. p. 1.

com mais, ora com menos intensidade, mas sempre no sentido de construir, desconstruir ou modificar determinada normatividade.

Essa mudança foi sutilmente incorporada pela legislação brasileira. O Código Civil de 2002 (Lei 10.406, de 10 de janeiro de 2002), que revogou o já referido Código Civil de 1916, deslocou o "jogo de ofertas" da Seção mais geral, ora denominada "Preliminares", do Capítulo "Disposições Gerais", do Título "Dos Contratos em Geral", para uma seção própria, intitulada "Da Formação dos Contratos". Retirado o "jogo de ofertas" de sua centralidade no processo de formação dos contratos, o legislador substituiu-o pela força da autonomia privada na construção da normatividade da relação jurídica. Não como um poder absoluto, mas limitado pela incidência da boa-fé objetiva e da função socioeconômica do contrato, ou seja, às exigências do paradigma contemporâneo retratado. Essa ruptura sistêmica foi conseguida por meio da cláusula geral prevista no artigo 425[52] e que estabelece ser "lícito às partes estipular contratos atípicos, observadas as normas gerais fixadas neste Código". Nesse contexto, faz-se necessário identificar como a fase das tratativas se reinsere no processo de formação da relação jurídica, em especial, da celebração dos negócios jurídicos. A partir dessa compreensão será possível avançar no estudo do processo de normatização da relação jurídica.

---

[52] COMIRAN, Giovana Cunha. A exegese do art. 425 do Código Civil e o método tipológico: notas sobre critérios hermenêutico-integrativos dos contratos atípicos. In: MOTA, Maurício; KLOH, Gustavo (Orgs.). *Transformações contemporâneas do Direito das Obrigações*. Rio de Janeiro: Elsevier, 2011. p. 598.

CAPÍTULO SEGUNDO
A ESTRUTURA DAS TRATATIVAS: DELIMITANDO O INÍCIO E O TÉRMINO DAS TRATATIVAS

O novo modelo de pré-contratualidade, conforme visto no Capítulo Primeiro, impõe, como consequência lógica, a impossibilidade de se atribuir aprioristicamente a todo negócio jurídico a função de marco lindeiro entre a pré-contratualidade e a contratualidade, pelos menos no que se refere ao programa contratual analisado de maneira ampla. Neste sentido, a celebração de negócios jurídicos representam momentos de densificação da normatividade da relação jurídica, sem necessariamente esgotar o seu processo de formação.

Assim, para compreender o processo de normatização da relação jurídica durante as tratativas é necessário analisar suas estrutura e dinâmica, sendo aquela tratada no presente capítulo e essa no subsequente.

Se é quase tautológico afirmar que as negociações precedem a realização do negócio jurídico[53], a identificação da

[53] Uma questão controversa é determinar se a existência de uma fase das tratativas ou dos preliminares é ou não necessária. Os autores que defendem que não, como é o caso de Fernando Pessoa Jorge (Op. cit., p. 56), o fazem segregando este momento de um segundo, qual seja, o momento de exteriorização da vontade negocial. Para estes autores, em situações nas quais há apenas a aceitação de uma proposta, sem qualquer negociação, seria possível falar de uma inexistência de

estrutura deste período do desenvolvimento da relação jurídica não é matéria infensa a controvérsias. Se a sua delimitação aparenta – e apenas aparenta – não trazer maiores perplexidades quando se analisa relações ditas descontínuas, nas quais as partes encontram na intenção de realizar certo negócio jurídico o único momento de aproximação, a definição dos marcos lindeiros das tratativas torna-se mais tormentosa na medida em que a relação jurídica adquire complexidade. Esse o caso dos já referidos programas contratuais com negócios jurídicos coligados ou processos de contratação gradual. Nestas situações mais sofisticadas, a delimitação dos momentos inicial e final das tratativas mostra-se tão difícil quanto encontrar uma das pontas de novelos emaranhados. Afinal, determinado negócio jurídico não necessariamente esgota a necessidade de continuidade das negociações, seja para completar o referido acordo, seja para celebrar acordos ancilares ou mesmo subsequentes. E a controvérsia não se restringe apenas à identificação destas pontas do novelo, mas, principalmente, em justificar o que torna este momento tão peculiar em relação ao desenvolvimento posterior do vínculo jurídico-obrigacional.

Nesse sentido, deve-se ter como premissa a impossibilidade de se atribuir aprioristicamente a todo negócio jurídico a

---

tratativas. Divergimos, entretanto, desta posição. Partindo da premissa que são sinônimas as expressões "tratativas", "pré-contratual" e "preliminar", verifica-se que o hiato formado entre as duas manifestações de vontade necessárias à formação de um negócio jurídico contratual é um momento prévio à própria existência da relação contratual. Este hiato pode ser maior ou menor, no plano temporal, mas é sempre existente, de modo que não se pode ignorar a necessidade de uma fase prévia ao contrato, necessária à sua formação. O desenvolvimento de uma discussão em torno do conteúdo da declaração negocial, entretanto, é que se mostra facultativo.

função de marco lindeiro entre a pré-contratualidade e a contratualidade, pelo menos no que se refere ao programa contratual analisado de maneira ampla. Se é quase tautológico afirmar que as negociações precedem a realização do(s) negócio(s) jurídico(s)[54], a delimitação das tratativas apenas aparenta não trazer dificuldades quando se analisa relações ditas descontínuas, nas quais as partes encontram na intenção de realizar determinado negócio jurídico o único momento de aproximação. Entretanto, quando passamos às relações de maior complexidade, um modelo tudo ou nada (ou se está nas tratativas ou na fase contratual) encontra dificuldade de ser aplicado. Esse é o caso dos já referidos programas contratuais com negócios jurídicos coligados ou processos de contratação gradual, em que a delimitação dos momentos inicial e final das tratativas mostra-se tão difícil quanto encontrar as pontas de um novelo emaranhado. Por um lado, nem todo contato entre duas pessoas indica um propósito negocial; por outro,

---

[54] Uma questão controversa é determinar se a existência de uma fase das tratativas ou dos preliminares é ou não necessária. Autores que defendem que não, como é o caso de Fernando Pessoa Jorge (JORGE, Fernando Pessoa. Op. cit., p. 56), o fazem segregando esse momento de um segundo, qual seja, o momento de exteriorização da vontade negocial. Para esses autores, em situações nas quais há apenas a aceitação de uma proposta, sem qualquer negociação, seria possível falar de uma inexistência de tratativas. Divergimos, entretanto, dessa posição. Partindo da premissa que são sinônimas as expressões "tratativas", "pré-contratual" e "preliminar", verifica-se que o hiato formado entre as duas manifestações de vontade necessárias à formação de um negócio jurídico contratual é um momento prévio à própria existência da relação contratual. Esse hiato pode ser maior ou menor, no plano temporal, mas é sempre necessário, de modo que não se pode ignorar a existência de uma fase prévia ao contrato, necessária à sua formação. A realização de uma negociação prévia em torno do conteúdo da declaração negocial, entretanto, é que se mostra facultativa.

determinado negócio jurídico não necessariamente esgota a necessidade de continuidade das negociações, seja para completar o referido acordo, seja para celebrar acordos ancilares ou mesmo subsequentes. E a controvérsia não se restringe apenas à identificação dessas pontas do novelo, mas, principalmente, em justificar o que torna esse momento tão peculiar em relação ao desenvolvimento posterior do vínculo jurídico-obrigacional. Veja:

Analisando primeiramente o início das tratativas, é inadequado associá-lo automaticamente com o surgimento da relação jurídica-obrigacional. Afinal, há tempos é reconhecido no Direito brasileiro a relevância da categoria do "contato social" como fonte de relações jurídicas.[55] Entretanto, nem todo "contato social" marca o início de um período de negociações. Ao contrário, esse evento marca pura e simplesmente a existência de uma proximidade fática, entre dois sujeitos, apta, por si só, a criar deveres, ao menos inicialmente no lato âmbito do regime jurídico do *neminem laedere*.[56]

Isso ocorre porque o "contato social", enquanto fato jurídico e diferentemente do que se passa durante as tratativas, carece de qualquer orientação finalística em relação ao comportamento dos sujeitos socialmente "em contato",

---

[55] Para uma análise da teoria do "contato social", remetemos aos trabalhos pioneiros de Clóvis do Couto e Silva, especialmente em: COUTO E SILVA, Op. cit., 2009, pp. 75-77; e *Principes fondamentaux de la responsabilité civile en droit bresilien et comparé.* Cópia mimeografada. 1988. s.p.

[56] Conforme anotado por Clóvis do Couto e Silva, a categoria do "contato social" foi inicialmente pensada como uma *fattispecie* própria da responsabilidade pré-contratual. Entretanto, a doutrina verificou nessa espécie um grau de abstração superior a esta responsabilidade, servindo mesmo como um valor sistematizante das responsabilidades contratual e aquiliana (Op. cit.,1988, s.p.).

sendo relevante apenas a proximidade sociojurídica dos mesmos.[57-58] A título exemplificativo dessa dissociação, se "A", aposentado, ao passar em frente a um estabelecimento comercial "B," uma empresa de fornecimento de equipamentos para pessoas jurídicas e que, portanto, não tinha qualquer interesse negociável com "A," é atingido pela queda de um toldo que estava mal fixado na parede, é possível concluir que "B" violou um dever de cuidado que lhe seria devido, sendo, a princípio, responsável pelos danos causados a "A". Tal conclusão se chega ainda que "A" não tenha praticado qualquer ato orientado à realização de um negócio jurídico posterior com "B" ou vice-versa. O dever de cuidado entre "A" e "B" não surgiu em decorrência da fase de tratativas, mas como consequência deste "contato social" decorrente do tráfego cotidiano. Portanto, a simples verificação do "contato social" não é suficiente para concluir que a relação jurídica se encontra num momento de negociações visando a realização de um programa contratual qualquer.

Nesse sentido, uma conclusão preliminar é que o período das tratativas é qualificado, em relação ao mero "contato social", como um período em que os sujeitos de uma relação

---

[57] Nesse sentido, Clóvis do Couto e Silva já esclarecia: "o ato-fato, ato material, é completamente indiferente à vontade e, em consequência, ao fim, como se deixou claro quando se tratou da tradição. É imprescindível, portanto, que exista um ato anterior que lhe dê sentido, porque o ato-fato como tal não o possui" (COUTO E Idem. Op. cit., 2009, p. 76).

[58] Conforme pondera Clóvis do Couto e Silva, entretanto: "[l]a notion de 'contact social' pourrait donner une contribution aux besoins de systématisation, en permettant une analyse conjointe des devoirs contractuels. La vie en société ne présente pas une uniformité de contacts sociaux. Par conséquent, on peut dire que la notion de contact social a divers niveaux de concrétisation, qui se reflètent dans l'intensité des devoirs et aussi dans les réparations à être accomplies" (Idem, Op. Cit., 1988, s.p.).

jurídica adotam uma conduta finalisticamente orientada à criação de um consenso acerca de um programa contratual mais ou menos determinado, de maior ou menor complexidade.[59] Verifica-se, portanto, que referida fase pode iniciar-se tanto concomitantemente ao primeiro "contato social" ou posteriormente, a partir do momento em que se verifica a existência do referido vetor de aproximação. Inversamente, as obrigações surgidas a partir do "contato social" entre dois sujeitos podem perfeitamente preexistir a qualquer aproximação decorrente do início de tratativas. Ressalve-se que não se deve confundir um comportamento finalisticamente orientado com a vontade ou intencionalidade dos sujeitos envolvidos no processo negocial. Afinal, enquanto o primeiro critério implica no reconhecimento de uma análise objetiva da situação negocial para qualificar a existência de tratativas, o segundo demandaria uma análise subjetiva da intenção dos negociantes. Esse segundo critério, entretanto, levar-nos-ia a um subjetivismo e à necessária análise de uma manifestação no plano psicológico, método que a doutrina há tempo reputa como ultrapassado.[60-61]

---

[59] Conforme anotam Rodolfo Sacco e Giorgio De Nova: "[l]'attività che precede il contratto mira a suscitare consensi contrattuali: un singolo consenso, o consensi di massa; il consenso ad un contratto concepito in modo rigido e non ulteriormente negoziabile, o il consenso ad una clausola di dettaglio, da inserire in un contratto che verte su un bene e un prezzo non più in discussione" (SACCO, Rodolfo; DE NOVA, Giorgio. *Trattato di Diritto Civile*: Il contrato. t. 2. 3. ed. Torino: UTET, 2004. p. 223). Essa orientação teleológica durante as tratativas é percebida por Fernando Pessoa Jorge, (Op. cit. p. 56).

[60] Neste sentido: AZEVEDO. Op. cit., 2010, p. 74 e ss.

[61] Consequência dessa opção dogmática é considerar superada a indagação sobre se a intenção de uma das partes em estabelecer tratativas é suficiente para qualificar uma situação como de tratativas,

Reconhecendo tal inadequação no critério subjetivo, parte da doutrina propugna pelo marco inicial das tratativas como sendo a realização de uma oferta para negociar ou *offre-négociation*, pela qual uma das partes da relação jurídica manifesta à outra a intenção de discutir o objeto de algum interesse negocial.[62] De acordo com tal critério, a fase das tratativas iniciar-se-ia a partir da realização de um ato qualificável como uma oferta para iniciar negociações relacionadas a algum interesse contratualizável. São exemplos de atos que assumiriam tal função: solicitar informações sobre um produto ou serviço de outrem, propor a realização de uma reunião para tratar de um possível projeto ou negócio, ou realizar uma oferta, propriamente, quando a simplicidade do objeto permitir.[63]

Esse critério corrige as deficiências apontadas em relação aos dois critérios anteriores. Em relação à teoria do contato social, a teoria da "oferta para negociar" reconhece que nem toda relação jurídica nasce concomitantemente com o início da fase das tratativas, sendo tal início marcado por uma aproximação teleologicamente orientada à formação de um consenso acerca de um programa contratual. Em relação à teoria subjetivista, verifica-se que a teoria da "oferta para negociar" não incorre no erro de tentar perquirir a intenção das partes para qualificar uma situação como de tratativas,

---

especialmente quando a outra parte não comunga da mesma intenção. A título de exemplo, o contexto negocial não é afastado pelo fato de um comerciante não saber que um consumidor entrou em seu estabelecimento comercial porque estava distraído ou cuidando de outro consumidor. Nesse caso, a oferta ao público, pelo lado do comerciante, e o ingresso no estabelecimento comercial para olhar as mercadorias, pelo lado do consumidor, é suficiente para caracterizar o contexto negocial.

62 BAPTISTA. Op. cit., p. 129.

63 SACCO; DE NOVA. Op. cit., p. 223.

propondo, ao contrário, a verificação de elementos bastante objetivos.

Entretanto, o critério da "oferta de negociar" *per se* pode induzir a confusões entre situações não negociais e situações negociais. Isso ocorre especialmente quando um dos sujeitos atue em mercados massificados, onde a oferta *ad incertam personam* precede o próprio contato social com a outra parte[64], pode-se cair no erro de tratar todo o contato subsequente como uma consequência do desenvolvimento de tratativas, desconsiderando-se a ausência de um comportamento teleologicamente orientado para a formação de um programa contratual por todos os participantes em contato social.[65-66]

---

[64] Sobre o problema da formação do contrato em decorrência de uma oferta ao público, ver, por todos, CATRAMBY, Alexandre Espíndola. Oferta ao público: uma perspectiva luso-brasileira. *In*: MOTA, Maurício; KLOH, Gustavo (Orgs.). *Transformações contemporâneas do Direito das Obrigações*. Rio de Janeiro: Elsevier, 2011. p. 661-695. p. 662 e ss.

[65] Vários exemplos poderiam ser citados para afastar a utilização do critério da "oferta para negociar" *per se*. Pense-se no ato de ligar para um comerciante perguntando o preço de determinado produto. Nesse caso, apenas será possível caracterizar aquele momento como de tratativas, caso exista um contexto negocial entre ambas as partes, o que tende a ser a regra geral. Porém, se o propósito de quem liga for apenas realizar o levantamento de preços para calcular o índice de inflação em determinado período, é evidente que não haverá uma situação de tratativas.

[66] Analisando este critério da "oferta de negociação", em igual sentido, manifestou-se Ana Prata, para quem tal critério "não tem em conta a diversidade das situações factuais, e que, nalguns casos, o mero convite inicial para contratar desencadeia uma relação intersubjectiva a que a boa-fé tem de fornecer parâmetro de protecção, e, noutras, essa declaração inicial é claramente insuficiente para gerar de imediato tal relação, não podendo, em consequência, dizer-se que tenha então sentido recorrer à boa-fé como princípio normativo de uma relação

Neste sentido, a deficiência do critério da "oferta para negociar" decorre do fato de que o mesmo busca analisar um ato isolado de seu contexto para, justamente, qualificar o contexto. Ora, a "oferta para negociar" apenas marca o início das tratativas quando, a partir dela, iniciam-se movimentos, via de regra, não criadores de obrigações ou mesmo vinculações, como a formulação de consultas, indagações, pesquisas, trocas de minutas, roteiros, reuniões e estudos, contratação de pareceres e projetos, ou mesmo a simples análise do produto oferecido. Entretanto, mesmo não obrigacionais e não vinculantes, por regra geral, tais movimentos estão finalisticamente orientados à realização de determinada operação econômico-social.

O relevante, portanto, para determinar o início das tratativas não é a "oferta para negociar" em si, mas sim todas as circunstâncias que a cercam. Nesse sentido, a fase das tratativas apenas é reconhecível a partir da constatação da existência de certas circunstâncias negociais, isto é, um modelo cultural de atitude historicamente situado[67], pelo qual se verifique a realização de atos dirigidos à criação, modificação ou extinção de um programa contratual entre as partes envolvidas no processo.[68] O início de um período de tratativas passa, portanto, pela análise do âmbito dos fatos que atravessam a relação jurídica, mediante o recurso tanto às circunstâncias do caso como aos usos e costumes.[69]

---

efectivamente inexistente" (PRATA, Ana. *Notas sobre a responsabilidade pré-contratual*. Coimbra: Almedina, 2002. p. 41).

67 AZEVEDO, Op. cit., 2010, p. 122.

68 Em igual sentido, mas buscando identificar quais seriam essas condutas, Cf. PRATA, Op.cit., p. 44 e ss.

69 Conforme anota Marcos de Campos Ludwig, as circunstâncias do caso não se confundem com os elementos consuetudinários. Apesar de ambos representarem uma remissão ao âmbito concreto dos fatos, verifica-se

Apesar de tal critério situacional encontrar-se em lacuna do atual Código Civil, fato é que, por um lado, o âmbito fático é o remédio por excelência para superá-la, a teor do disposto no artigo 4º da Lei de Introdução às Normas do Direito Brasileiro. Por outro, o recurso ao âmbito dos fatos é um instrumental que perpassa todos os atos típicos relacionados ao processo de formação do contrato, como se verifica especialmente nos artigos 427, 429 e 432 do Código Civil.

Passando à análise do término das tratativas, verifica-se que tal momento pode caracterizar-se por duas circunstâncias: i) a conclusão negativa das tratativas; e ii) a conclusão positiva das tratativas. Em ambas as hipóteses, que podem ocorrer de forma gradual ou abrupta, encontramos o término das circunstâncias negociais associadas à fase das tratativas, sendo que a diferença reside no desenvolvimento posterior da relação jurídica.

No primeiro cenário, com a conclusão negativa das tratativas, o período de negociações não é sucedido pela formação de um programa contratual vinculante, havendo a mera ruptura das circunstâncias que marcam a fase de negociações. Nesse caso, portanto, as partes deixam de atuar no sentido de criar, modificar ou extinguir um programa contratual.

Sem entrar no mérito da licitude de tais condutas[70], são situações que usualmente indicam a conclusão negativa das

---

que enquanto os usos e costumes traduzem-se na concepção espontânea de juridicidade oriunda de um certo agrupamento social, com base na reiteração de uma determinada conduta, as circunstâncias do caso remetem às circunstâncias do caso particular, singular (LUDWIG, Marcos de Campos. *Usos e costumes no processo obrigacional*. São Paulo: Ed. RT, 2005. p. 116).

[70] Conforme será melhor aprofundado no item seguinte, a fase das tratativas tem como principal característica a não vinculação dos

tratativas: manifestação de vontade de recesso das tratativas por um dos envolvidos; a celebração de negócio jurídico com terceiro tendo por objeto o mesmo interesse que aquele em tratativas; a impossibilidade de continuar as tratativas, por fatores endógenos ou exógenos a elas; a repentina e imotivada inércia de sujeitos que participam das tratativas. Nesses casos, verifica-se que ao menos uma das partes cessou de adotar uma conduta que possa ser considerada teleologicamente orientada à realização de uma transação. Assim como em relação ao início das tratativas, a verificação da conclusão negativa das tratativas não passa pela eleição desta ou daquela circunstância, *a priori*, como pressuposto de verificação do seu encerramento. Deve-se, ao contrário, analisar o âmbito fático da relação jurídica, em busca dos elementos indicativos do término das circunstâncias negociais. Esses elementos terão como denominador comum a ruptura no comportamento das partes teleologicamente orientado à formação da vontade negocial.[71]

---

negociantes em relação ao interesse objeto da negociação. Assim sendo, reconhece-se que, até a celebração do contrato, qualquer dos sujeitos pode vir a desistir do negócio e suspender ou cancelar as tratativas. Ocorre que, enquanto a não realização de um negócio jurídico decorre de uma faculdade jurídica, o exercício dessa faculdade pode ser realizado de forma disfuncional. Conforme anota Judith Martins-Costa, "[o] exercício disfuncional consiste em espécie de ilicitude civil atinente ao modo pelo qual os direitos subjetivos e as posições jurídicas são concretamente exercidos. A ilicitude se apresente ou em vista de uma desmedida nos meios utilizados para se atingir fins ilícitos ou em razão de um descompasso entre a ação ou omissão do agente e os fins a que está concretamente predisposta a sua posição jurídica" (MARTINS-COSTA, Judith Hofmeister. O exercício jurídico disfuncional e os contratos empresariais: notas sobre os critérios do artigo 187 do Código Civil. *Revista do Advogado*, São Paulo, v. 96, mar. 2008. p. 49).

71 Esta compreensão acerca do alcance da conclusão negativa da

A título de parênteses, deve-se pontuar que a conclusão negativa não implica em fazer tábula rasa do conteúdo normativo que foi criado ao longo do processo de negociações. É possível, por exemplo, que tenham sido celebrados negócios jurídicos justamente com o objetivo de regular essa situação ou mesmo que existam deveres e responsabilidades decorrentes da incidência da cláusula geral da boa fé ou da proteção às legítimas expectativas criadas. Esse ponto, entretanto, será desenvolvido a partir do próximo capítulo.

A determinação da conclusão positiva da negociação ocorre, por sua vez, quando a fase das tratativas é sucedida pela fase transacional. Antes de entrar no mérito da delimitação dessa fase, deve-se observar que a determinação da conclusão positiva do contrato não é um mero corte epistemológico aleatório, mas elemento fundamental para a compreensão da dinâmica obrigacional da relação jurídica. Conforme referido, sua definição implica em reconhecer o elemento que orienta finalisticamente a atuação das partes durante a fase das tratativas.

Entretanto, justamente pela falta dessa perspectiva finalística, a doutrina não conseguiu analisar essa transição de forma não reducionista, isto é, que não seja centrada na determinação de quando a relação jurídica ingressa no regime de responsabilidade contratual (saindo, portanto, do

---

negociação é relevante na medida em que se separa, ao menos conceitualmente, a orientação teleológica que orienta o comportamento das partes num momento de tratativas, e a relação jurídico-obrigacional em si. O término daquela orientação não implica, necessariamente, no término das obrigações constituídas durante as tratativas. Esse é o caso, por exemplo, dos deveres de confidencialidade em relação às informações não-públicas trocadas durante as negociações. Isso porque a conclusão negativa das tratativas não é causa do término desses deveres.

regime de responsabilidade aquiliana ou extracontratual que marcaria a fase das tratativas).[72] Para esse setor da doutrina, portanto, a conclusão positiva das tratativas ocorreria com a realização de um negócio jurídico, sendo irrelevante a indagação sobre os objetivos de todo o processo de tratativas.[73] Os seguidores dessa linha, ao contrário, centram suas análises nos elementos necessários à formação de um negócio jurídico, atribuindo grande importância à determinação do consenso contratual e renegando o interesse negocial das partes a um mero problema de hermenêutica contratual.[74]

Tal modelo teórico apenas atende plenamente às necessidades nos casos de uma sobreposição entre o interesse negociado e um negócio jurídico específico. Nesses casos, o único momento de aproximação entre dois ou mais sujeitos reside na realização de determinado negócio jurídico (objetivo), servindo esse de referência para marcar o termino

---

[72] Sobre os regimes de responsabilidade civil contratual e extracontratual, remetemos, por todos, a CARNEIRO DA FRADA, Manuel António de Castro Portugal. *Contrato e deveres de proteção*. Coimbra: Coimbra, 1994. No direito brasileiro, v. MARTINS-COSTA, Judith Hofmeister. *Comentários ao Novo Código Civil*: do Direito das Obrigações: do inadimplemento das obrigações: arts. 389 a 420. 2. ed. Rio de Janeiro: Forense, 2008. t. II. v. V.

[73] Cf. PEREIRA, Regis Velasco Fichtner. *A responsabilidade civil pré-contratual*: teoria geral e responsabilidade pela ruptura das negociações contratuais. Tese. Doutorado em Direito. Faculdade de Direito, Universidade do Estado do Rio de Janeiro, Rio de Janeiro, 2000. p. 51.

[74] Nesse sentido, o ponto de discórdia reside em determinar quando um negócio jurídico pode ser considerado formado. A doutrina e a jurisprudência, nesse ponto, dividem-se em três correntes: i) a que defende que a formação do negócio jurídico depende da vontade dos contratantes; ii) a que defende que é necessário o consentimento sobre todos os pontos do negócio jurídico; e iii) a que defende que é necessário o consentimento sobre os pontos essenciais do negócio jurídico. Para uma análise destas correntes, v. SACCO; DE NOVA. Op. cit., p. 227 e ss.

das tratativas e o ingresso da relação jurídica na fase contratual, com um regime jurídico próprio e distinto daquele então existente durante a fase das tratativas.

Entretanto, se extrapolarmos esse modelo para relações jurídicas de maior complexidade, verificamos que o mesmo não satisfaz nem necessidades práticas nem teóricas.[75] Afinal, verifica-se, a um, que a formação de determinado negócio jurídico, em um programa contratual de maior complexidade, pode não eliminar por completo a necessidade de posteriores fases de negociações; a dois, além dos negócios jurídicos que servem de vestimenta jurídica para uma operação econômica, outros existem que tem um caráter preparatório ou acessório a essa; e, a três, a simples realização de um negócio jurídico não marca, necessariamente, a conclusão positiva das negociações, como se verifica claramente no âmbito da celebração dos Negócios Jurídicos Preliminares.

Em relação ao primeiro desses pontos, cumpre observar que o programa contratual não necessita ser elaborado *in totum* para que o mesmo passe a ser vinculante e obrigatório para as partes. Afinal, conforme já mencionado, foi-se o tempo em que o fenômeno contratual submetia-se a um critério de verificação ao estilo *tudo ou nada*, pelo qual ou a relação jurídica estaria em sua fase transacional, ou na fase das tratativas.

Ao contrário, admite-se como prática negocial corriqueira a celebração de negócios jurídicos progressivamente, isto é,

---

[75] João Baptista Machado intuitivamente já apontava como uma das consequências do reconhecimento de acordos e compromissos preambulares seria a redefinição, de forma mais rigorosa, da linha de fronteira que separa os regimes da responsabilidade aquiliana e contratual, no processo das tratativas (BAPTISTA MACHADO. Op. cit., p. 459).

com o seu conteúdo normativo autônomo sendo gradualmente construído pelas partes, inclusive com a criação de instrumentos de mediação e arbitragem para solucionar impasses nesse processo. No que interessa à presente análise, isso significa que o início do programa contratual não marca o término, em definitivo, das tratativas, que podem atravessá-lo com o intuito de complementá-lo, alterá-lo ou mesmo extingui-lo.

Além disso, nem todo programa contratual resume-se à celebração de um único negócio jurídico. Muito pelo contrário, verifica-se, na fase das tratativas, a realização de diversos negócios jurídicos, como as cartas de intenção, acordos de confidencialidade, cartas de conforto etc. Na fase contratual, igualmente, podem ocorrer diversos negócios jurídicos, cada um dos quais relevantes para a formatação do programa contratual. Logo, a realização de um negócio jurídico não pode ser considerada aprioristicamente o momento derradeiro das tratativas.[76]

Diante dessas possibilidades trazidas por uma análise dinâmica da relação jurídica, faz-se necessário repensar o significado da contratualidade, que não mais pode ser

---

[76] Corrente crítica da distinção entre responsabilidade contratual e aquiliana propugna por uma tese "gradualista" entre ambos os regimes, no sentido de que não haveria uma solução de continuidade entre ambos os regimes. De acordo com tal perspectiva crítica, seria inadequado tentar encontrar um limite a ambos os regimes num critério artificial como o consenso, apto *per se* a servir de fronteira entre as duas categorias da responsabilidade civil. Ao contrário, a consolidação de direitos e obrigações seria um gradual processo de formação de expectativas (BAPTISTA MACHADO. Op. cit., p. 458). Apesar de, no direito brasileiro, tal solução mostrar-se *de lege ferenda*, dado que o Código Civil adota, em maior ou menor grau, essa distinção de regimes, é verdade que o modelo dicotômico da responsabilidade civil encontra claro sinais de exaurimento, especialmente a partir do reconhecimento da necessidade de proteção às legítimas expectativas.

reduzido a determinado regime de responsabilidade civil. Ao contrário, a contratualidade assume importância como um vetor que orienta teleologicamente o desenvolvimento da fase pré-contratual.

A doutrina italiana já percebeu essa questão, na década de 70, a partir dos trabalhos de Enzo Roppo, que identificou a questão fundamental de que "[u]m contrato não é um elemento da realidade física, cuja existência se possa propriamente constatar, tal como é possível constatá-la quanto aos objetos do mundo natural".[77] Mais ainda, o próprio significado de contratualidade é polissêmico[78], ou seja, ele permite um referenciamento a mais de um conteúdo significativo, sendo todos eles abstratamente válidos e tecnicamente corretos. Ao utilizarmos o signo "contrato", podemos tanto fazer referência ao instrumento contratual (o contrato em seu significado concreto), a um tipo ou ao regime jurídico (o contrato em seu significado abstrato) ou ainda à transação (o contrato em seu significado material),

---

[77] ROPPO, 2009, p. 84. Conforme ele esclarece: "[...] o juízo sobre se um contrato se formou ou não constitui o resultado de uma qualificação de determinados comportamentos humanos operada por normas jurídicas. Por outras palavras, a formação do contrato consiste num *processo*, isto é, numa sequência de actos e comportamentos humanos, coordenados entre si, segundo um modelo não já 'natural' e 'necessário', mas sim pré-fixado de modo completamente convencional e arbitrário pelo direito [...]. Se essa determinada sequência de actos e comportamentos humanos corresponde ao esquema estabelecido pelo ordenamento jurídico [...], então pode dizer-se que esse determinado contrato se formou, ou concluiu, ou 'ganhou existência'" (ROPPO. Op. cit., p. 85).

[78] A correlação entre o tratamento conferido à fase das tratativas e a concepção do fenômeno contratual é apontada por FRADERA, Vera Maria Jacob de. Dano pré-contratual: uma análise comparativa a partir de três sistemas jurídicos, o continental europeu, o latino-americano e o americano do norte. *Revista de Informação Legislativa*, Brasília, n. 136, p. 173 e ss., 1997.

isto é, "a operação econômica *tout court*, a aquisição ou a troca de bens e de serviços, o "negócio" em suma, entendido, por assim dizer, na sua materialidade, fora de toda a formalização legal, de toda a mediação operada pelo direito ou pela ciência jurídica".[79]

Naturalmente, reconhecendo esse aspecto polissêmico do fenômeno contratual, conforme o contexto e a finalidade propostos, a adoção de um ou outro marco pode mostrar-se mais adequada. Entretanto, a questão fundamental é que a definição desse marco lindeiro tem consequências teóricas e práticas relevante. Afinal, a primeira das alternativas – contrato em seu sentido concreto – tem na forma ou no instrumento o seu elemento definidor, que pode anteceder ou suceder os demais conceitos de contrato. A segunda – o contrato em seu sentido abstrato – transfere o acento para a jurisdicização da relação e na formação do consenso negocial. Esse segundo conceito é aquele que tem servido para delimitar a separação entre as fases contratual e pré-contratual, mas mostra-se incapaz de superar as críticas retrocitadas. Por sua vez, a terceira – o contrato em seu sentido material – reconhece que a prevalência da operação econômica sobre a jurídica, ao menos no que se refere ao elemento que orienta teleologicamente o comportamento das partes. Nessa concepção, a roupagem jurídica, na maior parte das vezes assume uma função meramente instrumental, como um elemento objetivo e funcional em relação ao mercado.[80]

---

79 ROPPO. Op. cit., p. 11. Apenas registre-se que não há de se confundir o conceito econômico de contrato com o conceito atribuído por economistas ao signo "contrato", que abrange, normalmente, qualquer vínculo jurídico de natureza obrigacional (Cf. FORGIONI, Paula A. *Teoria geral dos contratos empresariais*. São Paulo: Ed. RT, 2010. p. 24-25).

80 "El contrato adquiere entonces un 'carácter instrumental': como un

Em uma perspectiva dinâmica da relação obrigacional, entretanto, essa última concepção ganha relevância. Afinal, apenas sob o aspecto acadêmico é que ainda se considera que as partes atuam orientadas à construção de uma "vontade" de contratar.[81] Muito pelo contrário, a conduta das partes não é dirigida diretamente à produção de um instrumento jurídico ou à criação de um regime jurídico, sendo esses meros instrumentos ou consequências do comportamento humano. O negócio jurídico, portanto, é o instrumento e não uma finalidade que dirige a atuação das partes durante as tratativas. O que as transações de maior complexidade demonstram é uma atuação voltada a atender os mais diversos interesses sócio-jurídico-econômicos.[82] Tal normatividade pode ser alcançada por meio de um ou mais negócios jurídicos, sejam eles realizados concomitante ou sucessivamente, mas sempre tendo por referencial algum interesse patrimonial.[83]

---

elemento objetivo y funcional en la operación de los mercados. Interesa el contrato como declaración que: facilita la operación de los mercados, el cálculo económico, la distribución de los riesgos y la medición de los costos y beneficios. Y, así mismo, limita las incertidumbres inherentes a la interpretación del contrato basada en los elementos subjetivos" (ITURRASPE. Jorge Mosset; PIEDECASAS, Miguel A. *Responsabilidad precontratual*. Santa Fé: Rubinzal-Culzoni, 2006. p. 102).

[81] V. FRADERA. Op. cit., p. 173.

[82] Tal perspectiva já levou Jorge Mosset Iturraspe e Miguel A. Piedecasas a anotar que, em matéria de formação contratual, o contrato que lhes interessa não seria o "contrato como acordo de vontades", originado da tradição romano germânica, mas o contrato enquanto "instrumento utilizado para alcançar finalidades econômicas", tal como parece ser a tônica da tradição romano germânica (ITURRASPE; PIEDECASAS. Op. cit., p. 101).

[83] Nesse sentido, é reconhecido que o contrato nada mais faz do que "dare un assetto da valere sul piano del diritto a interessi di natura patrimoniale [...]" (CARRESI, Franco. *Il contratto*. t. I Milano: Giuffrè, 1987. p. 2).

A fase das tratativas, portanto, tem seu término positivo, gradual ou abrupto, quando se delineia consensualmente a transação.[84] Essa não é, propriamente, o negócio jurídico principal ou final, como o quer Paula Giliker[85], mas a operação econômica que norteia teleologicamente o comportamento das partes durante as tratativas. Nesse sentido, melhor que as ideias negócio jurídico ou contrato é aquilo que a doutrina anglo-saxônica denomina de *deal* e os comercialistas nacionais denominam de "transação".[86]

[84] O importante para a caracterização da fase contratual é a legítima expectativa de execução do programa contratual, fundada no consenso quanto à transação pretendida, e não a execução propriamente dita. Isso porque o adimplemento (execução) do programa contratual corresponde ao seu exaurimento. O programa contratual antecede naturalmente a esse momento de exaurimento.

[85] GILIKER. Op. cit., p. 1.

[86] Paula Forgioni anota que a doutrina comercialista, mesmo reconhecendo a distinção entre negócio jurídico e contrato (V. por todos FORGIONI. Op. cit., 2010, Capítulo 2), utiliza esse último mormente aludindo não ao referido contrato conceito-jurídico ou abstrato acima referido, mas à "transação" ou "comercialização", ainda que sob a veste de um negócio jurídico não contratual (FORGIONI. Op. cit., 2009, p. 129).

CAPÍTULO TERCEIRO
A DINÂMICA DAS TRATATIVAS: AUTONOMIA E HETERONOMIA NA FORMAÇÃO DA RELAÇÃO JURÍDICA OBRIGACIONAL

Uma vez delimitada a fase das tratativas, passa-se à análise de como esse momento da relação jurídica é preenchido por normatividades decorrentes de fontes autônoma e heterônoma.[87] Aqueles menos familiarizados com as transformações sofridas pelo processo contemporâneo de contratação assustam-se com os efeitos que podem surgir pelo simples ingresso em uma situação de negociação. Afinal, como referido, reconhece-se hoje a possibilidade de alguém, no curso normal dos negócios, obrigar-se antes ou mesmo sem a realização de um negócio jurídico. É de se dizer, a responsabilização dos sujeitos em uma relação jurídica não é apenas o resultado de atos de autonomia, mas também de imperativos heterônomos.

[87] Autonomia e heteronomia, conforme será analisado a seguir, têm por referência o titular do interesse regulado. Enquanto autonomia remete a uma normatização pelo próprio titular do interesse tratado, a heteronomia implica na criação de regras jurídicas por parte de outrem que não o titular do interesse à qual aquela regra será aplicada (Cf. PERLINGIERI, Pietro. *Autonomia negoziale e autonomia contrattuale*. 2. ed. Napoli: Edizioni Scientifiche Italiane, 2000. p. 327).

Essa situação jurídica, entretanto, não é anômala. Ela se explica na medida em que se reconhece no contato social um fato jurídico (e não apenas social) cujos desdobramentos preenchem o suporte fático para a irradiação de normatividade, conforme referido no Capítulo anterior. Assim sendo, a partir das formas de exteriorização do contato social entre sujeitos na fase de tratativas, é preenchido o suporte fático de incidência de diversas normas jurídicas, algumas delas decorrentes de exigências sociojurídicas externas à autonomia das partes.

É verdade que o contato social não marca, necessariamente e por si só, o ingresso da relação jurídica em uma situação de tratativas visando à formação de um negócio jurídico.[88] Entretanto, o ingresso da relação jurídica em um processo de tratativas tem por efeito catalisar a formação de deveres heterônomos, pela intensificação do próprio contato social.

Antes de aprofundar essa ideia e estudar como se processa a formação da normatividade, cumpre não a exagerar. O início das tratativas constitui-se em um momento no qual as partes não se submetem a obrigações de qualquer natureza, salvo, em regra, pelos latíssimos deveres jurídicos preexistentes, como o dever geral de cuidado e consideração (*neminem laedere*).[89] Em algumas relações jurídicas específicas, marcadas pelo grau elevado de riscos das atividades desempenhadas, isso é menos verdade, tendo em vista que,

---

88 Conforme visto no capítulo anterior, essa ausência de correlação necessária entre contato social e tratativas pode ser observada em situações corriqueiras, como um transeunte que entra em estabelecimento comercial para utilizar o banheiro ou para solicitar informação sobre o caminho para determinado destino. Não há, nesses casos, qualquer atuação orientada à formação de um negócio jurídico bilateral.

89 Deveres esses que são reconhecidos como uma eficácia mínima decorrente do contato social.

previamente ao início das tratativas, já é imposto ao originador desses riscos uma série de deveres direcionados à mitigação deles. O exemplo em que isto é mais evidente são as relações de consumo que impõe ao fornecedor *ab ovo* uma série de deveres relacionados à mitigação do risco de sua atividade[90].

Entretanto, repise-se, a regra geral é que, no início das tratativas, haverá uma ausência de vinculação autônoma e rarefeitas obrigações heterônomas.[91-92]

Ao longo das tratativas, é possível que esse cenário pouco se altere. Afinal, as condutas tipicamente praticadas pelas partes em negociação não são causa eficiente para afetar essa

---

[90] Conforme anota do professor Antonio Junqueira de Azevedo, "Ora, o [o Código de Defesa do Consumidor] não se refere especificamente a negociações ou tratativas. Trata, porém [...]largamente do dever de informar – especialmente na seção sobre publicidade – e do dever de não abusar, ou de proteção, sobre o qual há também muitas regras, principalmente na seção '*Das Práticas Abusivas*' (os incisos I a V, do art. 39 dizem respeito à fase pré-contratual)." (Responsabilidade pré-contratual no Código de Defesa do Consumidor: estudo comparativo com a responsabilidade pré-contratual no direito comum. *In*: AZEVEDO, Antonio Junqueira de. *Estudos e Pareceres de Direito Privado*. São Paulo: Saraiva, 2004. p. 178).

[91] Conforme esclarecem Jorge Mosset Iturraspe e Miguel Piedecas: "[l]a etapa de formación del contrato está marcada por el princípio de la *libertad de contratación*, que en este período debería identificarse como *libertad de negociación*. De manera tal que nadie estaría obligado a contratar por el solo hecho de haber iniciado un contacto con una posible futura contraparte" (ITURRASPE; PIEDECAS. Op. cit., p. 29).

[92] Conforme anota Regis Velasco Fichtner Pereira: "[s]omente se pode cogitar a existência de uma responsabilidade civil pré-contratual, se se atribuir relevância jurídica às negociações pré-contratuais. É preciso, para que se possa responsabilizar as partes por fatos ocorridos durante a fase das negociações contratuais, que se entenda que na fase anterior à formação do contrato, constituiu-se já algum vínculo jurídico entre elas" (PEREIRA. Op. cit., p. 53).

situação de rarefeita juridicidade. Em linhas gerais, atuam as partes para delimitar um consenso acerca da realização de determinada transação. Exemplificativamente, são realizadas reuniões para discutir o objeto do contrato, ou quaisquer aspectos dele, são feitos estudos para avaliar a viabilidade técnico-econômica do negócio, terceiros são consultados, na qualidade de *experts* ou de interessados diretos ou indiretos etc. É possível até mesmo vislumbrar a troca de minutas do instrumento contratual, com o objetivo de esboçar o documento que materializará futuras e eventuais declarações negociais.[93] Tratam-se de atos cujo elemento preponderante é a troca e a produção de informações relativas a uma eventual transação.[94] Nesse sentido, eles não criam para as partes em tratativa quaisquer pretensões, direitos, deveres ou expectativas legítimas em relação ao negócio jurídico que está sendo delineado,[95] ainda

---

93 ALPA, Guido. Op. cit. p. 342.

94 Conforme esclarece a professora Maristela Basso: "O processo e tratativas é todo ele uma 'troca de informações' um amadurecimento da intenção contratual, que permite às partes realizar seus interesses progressivamente, até que atinjam um ponto de equilíbrio tal que ambas se sintam satisfeitas" (BASSO, Maristela. *Contratos internacionais do comércio*: negociação, conclusão, prática. Porto Alegre: Livraria do Advogado, 1994. p. 113).

95 Mesmo não sendo capazes de gerar uma responsabilização pela realização do eventual negócio jurídico, é possível cogitar, mesmo nestas trocas, um adensamento do conteúdo normativo da relação jurídica, mediante o reconhecimento da responsabilidade dos indivíduos pela qualidade e conteúdo das informações trocadas. Conforme anotado por Eva Sónia Moreira da Silva em tese sobre o tema: "[...] a não revelação de uma informação não é sempre ilícita ou desleal pois, em princípio, cada contraente deve cuidar, ele próprio, das informações relevantes para o contrato, esse dever só existirá se a contraparte puder legitimamente esperar a informação pré-contratual por esta ser conforme à boa fé e às concepções dominantes do comércio jurídico. Assim, mesmo que as

que a realização das mesmas implique em dispêndios financeiros, perdas de oportunidade ou simplesmente de tempo.

A ausência de uma eficácia obrigacional decorrente do comportamento das partes em um processo de negociação parte da compreensão, a partir da força normativa dos usos e costumes, dos diferentes graus de concretização e aplicação do que Claus-Wilhelm Canaris denominou de "princípio da autorresponsabilização".[96] Sendo tais atos carecedores dessa eficácia de autorresponsabilização, consequentemente eles não afetarão o conteúdo obrigacional de uma relação jurídica em fase de tratativas.

Mas, mesmo reconhecendo a existência de condutas que – pelo menos em uma primeira análise – não afetariam o conteúdo normativo da relação jurídica em desenvolvimento, deve-se também aceitar que a proximidade fática e jurídica possibilita o surgimento gradual de maior densidade normativa. Um exemplo ilustra bem essa transição: o fornecimento de informações confidenciais sobre o objeto que está sendo negociado.

É bem verdade que, por si só, prestar informação não provoca a obrigação de contratar por parte daquele que tem acesso ao material confidencial. Entretanto, a comunicação de informações sensíveis para o procedimento negocial gera para a parte que fornece um dever de veracidade e completude, não falseando nem dolosamente omitindo

---

partes prossigam interesses opostos, como é normalmente o caso, haverá o dever de esclarecer a contraparte sobre as circunstâncias que podem frustrar o fim do contrato e que, por isso, são de especial significado para a sua decisão, desde que a contraparte possa esperar a sua comunicação, em conformidade com as concepções dominantes do tráfego" (SILVA. Op. cit., p. 79).

96 CANARIS, Claus Wilhelm. *Pensamento sistemático e conceito de sistema na ciência do direito*. 3. ed. Lisboa: Calouste Gulbekian, 2002. p. 97-99.

outros dados relevantes de maneira a não induzir o outro em erro. Para aquele que recebe a informação, por sua vez, há o dever de usar a informação nos limites delineados no propósito negocial.[97]

Esse exemplo simples e corriqueiro evidencia dois pontos: por um lado, não é possível negar a formação de uma normatividade a partir dos movimentos que ocorrem em um processo de negociação, e, por outro, nem todo conteúdo obrigacional criado durante as tratativas tem relação direta com o conteúdo do chamado negócio jurídico principal e a sua eventual frustração.

O estudo pormenorizado dessas diversas normatividades certamente fugiria ao escopo deste trabalho. Entretanto, como o objetivo é apenas compreender o processo de formação do conteúdo da relação jurídica durante as tratativas, é possível e recomendável analisar de maneira mais abstrata o processo. Assim, com fins meramente analíticos, a origem do conteúdo obrigacional da relação jurídica pode ser atribuída a duas forças nomogênicas distintas, quais sejam: heterônomas ou autônomas.

Ressalve-se, entretanto, que o reconhecimento dessas forças apenas aparentemente remete à clássica divisão das fontes[98]

---

[97] V. SILVA. Op. cit., p. 75-84.

[98] A fonte pode ser de produção ou de cognição. A fonte de produção é o poder de estabelecer normas jurídicas, isto é, indica o processo pelo qual as regras jurídicas se positivam com legítima força obrigatória. A fonte de cognição remete ao modo de expressão da norma jurídica, isto é, o meio pelo qual ela se manifesta (Cf. AMARAL NETO, Op. cit., 1984, p. 299). No texto retromencionado, a referência é feita à fonte de produção e não à de cognição.

do direito das obrigações em contratual e delitual.[99-100] Afinal, a referida divisão, ainda que não de todo superada,[101]

---

[99] A vetusta discussão acerca das fontes do direito das obrigações remonta à clássica quadripartição do Direito romano em contrato, quase-contrato, delito e quase-delito (sobre o tema das fontes do Direito romano, remetemos a ZIMMERMANN, Reinhard. *The Law of Obligations*: roman foundations of the civilian tradition. Oxford: Oxford University Press: 1996. p. 10-23). Conforme Reinhardt Zimmermann esclarece, com arrimo em Max Kaser, essa divisão romana surgiu nas Institutas de Gaio com importância mais didática do que propriamente estruturante do sistema da responsabilidade civil. Em Justiniano, entretanto, a referida divisão adquire os aspectos totalizante e sistêmico que o Direito romano legará ao ocidente (Idem., p. 14-15). A teoria clássica das fontes das obrigações, superando a tradição quaternária herdada da tradição do Direito Romano, assentou que todas as obrigações teriam sua origem *ex contractu* ou *ex delicto*. Em sua formulação definitiva, dada por Friedrich Carl von Savigny, passou-se a reconhecer que apenas seria possível reconhecer um vínculo obrigacional quando o mesmo pudesse ser remetido a uma das pontas do referido binômio (Cf. SAVIGNY, Friedrich Carl von. *Le droit des obligations*. 2. éd. Paris: Ernst Thorin, 1873. t. 2. p. 180 e ss.).

[100] Essa divisão de fontes, conforme esclarece Reinhard Zimmermann, decorre do reconhecimento de que se faz necessário um conjunto separado de regras para regular, de um lado, a transferência voluntária de recursos entre dois membros de uma comunidade jurídica, e, de outro lado, as possíveis colisões entre as esferas privadas desses membros entre si e com a comunidade jurídica de referência. Para tanto, "the one body of rules being concerned with the fulfilment of expectations engendered by a binding promise, the other with the protection of the *status quo* against wrongful harm" (ZIMMERMANN, Op. cit. 1996, p. 11).

[101] Essa divisão vem sendo desafiada pelo reconhecimento de novas situações de responsabilidade obrigacionais que não se adequavam, pelo menos em sua formulação clássica (CARNEIRO DA FRADA, Op. cit. 1994, p. 13-27), ao que seria uma "grande dicotomia". Afinal, segundo Norberto Bobbio, poder-se-ia falar em uma "grande dicotomia" quando em determinada divisão binária fosse possível: "[...] dividir o universo em duas esferas, conjuntamente exaustivas, no sentido de que todos os

apresenta uma limitação congênita inexpurgável. Segundo Clóvis do Couto e Silva, ela é meramente externa (estática) à relação jurídica obrigacional, pouco esclarecendo acerca da estrutura (dinâmica) dos deveres que exsurgem das fontes.[102-103] Faz-se necessário, quando se analisa o processo

---

entes daquele universo nelas tenham lugar, sem nenhuma exclusão, e reciprocamente exclusivas, no sentido de que um ente compreendido na primeira não pode ser contemporaneamente compreendido na segunda [...]" (BOBBIO, Norberto. *Estado, governo, sociedade*: para uma teoria geral da política. 3. ed. Rio de Janeiro: Paz e Terra, 1995. p. 13-14). Ocorre que se verificam situações em que a divisão entre ambas as formas de responsabilidade civil estaria crescentemente se dissolvendo, especialmente a partir do reconhecimento da tutela das legítimas expectativas (sobre o tema, remetemos ao quanto escrito alhures em: O princípio da confiança legítima e o enunciado n. 362, da IV Jornada de Direito Civil. *Revista do CEJ*, Brasília, n. 40, p. 11-19, jan.-mar. 2008). Trata-se da recente discussão acerca da necessidade do reconhecimento de uma terceira via da responsabilidade civil, a partir do reconhecimento de uma responsabilização fundada na confiança (CARNEIRO DA FRADA, 1994, p. 27). Sobre esse tema são fundamentais os estudos de Manuel A. Carneiro da Frada, em especial CARNEIRO DA FRADA, 1994 e *Teoria da confiança e responsabilidade civil*. Coimbra: Almedina, 2004. Para uma perspectiva crítica sobre o reconhecimento dessa terceira via da responsabilidade civil, ver, por todos: MARTINS-COSTA, Judith Hofmeister. Um aspecto da obrigação de indenizar: notas para uma sistematização dos deveres pré-negociais de proteção no Direito Civil brasileiro. *Revista dos Tribunais*, São Paulo, v. 867, p. 11 e ss., jan. 2008. Deve-se reconhecer, entretanto, que a divisão das fontes das obrigações não perdeu sua utilidade, apesar de um declínio em sua importância. Afinal, conforme anota Reinhardt Zimmermann, "[...] the endeavors to find a satisfactory *divisio obligationum* are not an idle glass-bead game, but serve to find a rational justification and basis for imposing and recognizing obligations" (ZIMMERMANN, Op. cit., 1996, p. 21).

102 COUTO E SILVA, Op. cit., 1988.

103 Conforme esclarece Judith Martins-Costa, a concepção estática da relação jurídica obrigacional visualiza apenas os elementos externos do vínculo, isto é, os sujeitos, o objeto e o vínculo que liga – sujeita – o

de formação de uma relação jurídica, considerar as forças nomogênicas que atuam sobre ela, ora tendo o ordenamento público a primazia (forças heterônomas), ora preponderando a autonomia privada dos envolvidos (forças autônomas).

Analisando primeiramente a atuação de forças heterônomas sobre a relação jurídica, verifica-se que as mesmas têm por ideia reitora a imposição aos sujeitos em tratativas de um comportamento pautado pela lealdade, eticidade e considerando a necessária proteção das legítimas expectativas geradas. Portanto, as forças heterônomas atuam funcionalizando a relação jurídica no sentido de uma relação de cooperação entre as partes e não de oposição,[104] seja determinando comportamentos que vão ao encontro desse sentido ou mesmo coibindo comportamentos que ultrapassem a fronteira do *dolus bonus*.[105]

Analisando os deveres que surgem a partir da força da heteronomia pública, pode-se, com a finalidade meramente

---

devedor ao credor, o crédito e a dívida. A concepção dinâmica volta-se para a própria estrutura dos múltiplos deveres, estados, situações e poderes decorrentes do vínculo, examinando a forma como estes se desenvolvem a partir da "conduta concreta das partes no dinâmico processo de desenvolvimento da relação obrigacional" (MARTINS-COSTA, Op. cit., 2005, p. 384).

104 FRADERA, Op. cit., 1997, p. 173. Sobre essa guinada da percepção da relação jurídica de uma perspectiva de oposição para uma de cooperação, remeta-se às considerações apresentadas na introdução.

105 A distinção entre o *dolus malus* e o *dolus bonus* é tradicional no estudo do tema. Conforme explicação de Francisco dos Santos Amaral Neto: "A primeira espécie é a que se manifesta na vontade de iludir, com intuito de prejudicar. Já o *dolus bonus* consiste em práticas usuais ou normais do comércio, de que são exemplos os exageros utilizados na publicidade comercial. É considerado de somenos importância e, assim, tolerado" (AMARAL NETO, Francisco dos Santos. *Direito Civil*: introdução. 7. ed. Rio de Janeiro: Renovar, 2008. p. 513).

didática, dividi-los em dois grupos, conforme o princípio a partir do qual irradia a respectiva normatividade, isto é, se decorrente da boa-fé objetiva e da proteção à confiança legítima.[106-107]

Em relação ao primeiro desses princípios, verifica-se ainda que, durante as tratativas, o comportamento das partes não é pautado apenas por seus interesses, mas são determinados por valores ligados a necessidades éticas. Nesse sentido, o simples ingresso num processo de tratativas, enquanto atividade orientada a um fim comum e juridicamente tutelada, implica na obrigatoriedade da observância de determinados padrões de lealdade, transparência e razoabilidade, em observância aos ditames da boa-fé[108], que, no direito brasileiro, irradia a partir da cláusula geral contida no artigo 422, do Código Civil. A partir dessa cláusula geral, portanto, surgirão deveres os mais diversos, cujo escopo é, fundamentalmente, garantir a plena consecução da relação obrigacional, isto é, tutelar os interesses daqueles envolvidos no processo de formação da relação jurídica.[109]

Tendo em vista a evolução que o tema teve ao longo dos últimos anos, seria hercúlea a tarefa de sistematizar o

---

[106] A distinção entre esses dois princípios já foi objeto de análise alhures em MARTINS, Op. cit., 2008a, p. 11-19.

[107] Não seria possível sustentar que apenas a força normativa desses dois princípios atua sobre a relação jurídica nessa fase. Entretanto, nas relações analisadas neste estudo, os dois princípios são aqueles que ganham maior preponderância na formação da normatividade da relação jurídica.

[108] Neste sentido, Miguel Reale já apontava a boa-fé como sendo "o cerne ou a matriz da eticidade, a qual não existe sem a *intentio* sem o elemento psicológico da intencionalidade ou do propósito de guardar fidelidade ou lealdado ao passado" (REALE, Miguel. *Estudos preliminares do Código Civil*. São Paulo: Ed. RT, 2003. p. 77).

[109] MARTINS-COSTA, Op.cit., 2005, p. 448.

impacto da cláusula-geral da boa-fé na fase das tratativas.[110] Para a já mencionada limitada finalidade deste trabalho, cumpre notar que a incidência da boa-fé nessa fase provoca tanto a criação de obrigações positivas, isto é, que demandam dos sujeitos atitudes concretas e imbuídas da já referida ideia de cooperação para consecução das finalidades da relação jurídica, como negativas, ou seja, que impõem abstenções e o não exercício de posições jurídicas com o intuito de resguardar aquela finalidade, aquele interesse.[111] Esses deveres dizem respeito: às informações que devem ser prestadas;[112] à proteção devida à integridade da outra parte e dos bens envolvidos; à lealdade com que se deve conduzir o processo de tratativas; à guarda, à restituição e ao segredo das informações recebidas; à clareza com que se deve apresentar suas proposições[113] etc.

---

[110] O tema foi analisado em MARTINS, Raphael Manhães. A teoria do inadimplemento e transformações no direito das obrigações. *Revista de Direito Privado*, São Paulo, v. 33, p. 250-289, jan.-mar. 2008.

[111] CUNHA, Daniela Moura Ferreira. *Responsabilidade pré-contratual por ruptura das negociações.* Coimbra: Almedina, 2006. p. 130.

[112] Sobre o tema do dever de informação na fase pré-contratual, remetemos, em especial, para SILVA. Op. cit., p. 67 e ss.

[113] Embora pouco lembrado, trata-se de importante dever decorrente da incidência da cláusula geral de boa-fé. Ele é lembrado, entre outros, por Ana Prata, nos seguintes termos: "[t]al como na fase de conclusão do negócio, também no período da respectiva preparação se exige a cada uma das partes atenção e cautela na formulação das suas posições negociais, por forma a não incorrer em erro obstativo que, não apercebido pela contraparte, seja suscetível de a levar a confiar em declaração que afinal se venha a revelar desconforme com a vontade de seu autor. É ainda exigível a cada um dos negociadores que formule os seus pontos de vista de forma clara e perceptível, que permita ao outro apreender o exacto significado de cada declaração, não lhe atribuindo razoavelmente um sentido diferente daquele que lhe é imputado pelo declarante" (PRATA. Op. cit., p. 65).

Além disso, verifica-se que, durante as tratativas, as partes, principalmente motivadas por um temor da ruptura das negociações pela(s) outra(s), praticam atos com o objetivo de criar expectativas na realização da transação[114] ou simplesmente fortalecer o laço de confiança então existente.[115] Observe-se, em especial, as mais diversas declarações tendo por objetivos: (a) convencer a outra parte da firmeza das intenções do declarante; (b) dissuadir a outra parte sobre a possibilidade de realizar a transação; ou (c) demover o outro de procurar terceiros para realizar a transação. Trata-se daquilo que o popular chamaria das "juras de amor" de duas partes buscando iniciar um

---

[114] Conforme, inclusive, já se posicionou o Superior Tribunal de Justiça, no Recurso Especial 1.051.065/AM, 3ª Turma, rel. Min. Ricardo Villas Boas Cueva, j. 21.02.2013, *DJe* 27.02.2013. Da ementa da decisão, cite-se: "A responsabilidade pré-contratual não decorre do fato de a tratativa ter sido rompida e o contrato não ter sido concluído, mas do fato de uma das partes ter gerado à outra, além da expectativa legítima de que o contrato seria concluído, efetivo dano material".

[115] Conforme Luhman esclarece, em clássica monografia sobre o tema (LUHMANN, Niklas. *Vertrauen*: ein mechanismus der reduktion sozialer komplexität. 4. ed. Stuttgart: UTB, 2000), a confiança é um mecanismo de simplificação da complexidade inerente às interações sociais. Isso na medida em que aquele que confia é capaz de estabelecer relações de cooperação, em relação às quais é reduzido o número de análises das consequências causais da atuação dos envolvidos, por considerar remotas as possibilidades de que elas ocorram. Em que pese o risco da quebra da confiança ser sempre muito mais severo do que os benefícios que decorrem de quem é correspondido, trata-se de um elemento essencial para o desenvolvimento de relações sociais cada vez mais complexas.

"relacionamento"[116-117], mas que, no universo normativo, podem ganhar especial relevância por envolver legítimas expectativas tuteladas pelo ordenamento jurídico.[118]

---

[116] Um exemplo ilustrativo desse processo de "sedução" entre contratantes foi levado à apreciação do Tribunal de Justiça do Estado do Rio de Janeiro e ganhou especial destaque por conta dos personagens envolvidos. Conforme relatos constantes da sentença proferida pelo magistrado Mauro Pereira Martins, da 4ª Vara Empresarial da Comarca da Capital, no âmbito do Processo 0279970-14.2010.8.19.0001 (disponível em: [conjur.com.br/dl/sentenca-vara-empresarial-rio-janeiro.pdf]. Acesso em: 23.06.2012), o Autor, ao retornar de viagem de negócios ao exterior, sentou-se ao lado do Réu em um voo de longa distância, momento no qual discutiram a possibilidade de o primeiro vir a estruturar um projeto de significativo vulto para o segundo, que figuraria como investidor. O Autor, neste longo voo, teria tentado demonstrar as suas aptidões para o desenvolvimento de um novo projeto na área de atuação da sociedade, bem como os seus conhecimentos desse mercado. Por sua vez, o Réu teria demonstrado os benefícios financeiros e profissionais que o projeto poderia propiciar ao Autor, tendo inclusive anotado em um pedaço de papel (guardanapo) alguns dos pontos do que propunha como base para a conclusão do negócio. "Seduzidos" um pelo outro, tão logo chegaram em solo nacional, sentaram-se para celebrar os termos desta relação que foi delineada em voo.

[117] Outro exemplo, retirado da experiência profissional do autor e que serve para diferenciar estes dois movimentos (criadores e não criadores de expectativa), ocorre na indústria naval. Nessa indústria, o estaleiro (construtor) tem sua capacidade de produção limitada pela capacidade física, de forma que não é possível expandir a sua produção indefinidamente conforme a demanda. Em termos numéricos, se um estaleiro consegue produzir três embarcações de determinado porte ao mesmo tempo e estiver com essa capacidade em uso, quem quiser contratar com o estaleiro deverá aguardar a conclusão de uma dessas embarcações. Na fase de tratativas desta indústria, portanto, é comum ocorrerem duas situações distintas: a primeira é a negociação das especificações do projeto da embarcação, o preço e condições de pagamento, prazos de entrega, garantias etc. Esses movimentos não criam usualmente legítimas expectativas, uma vez que o próprio

É importante observar que essa proteção não decorre da intensidade da confiança depositada por uma das partes no comportamento da outra (aspecto subjetivo), mas na circunstância objetiva, em que, de um lado, verifica-se comportamento apto a gerar legítimas expectativas em terceiro, e, do lado desse, a realização dos denominados "investimentos de confiança" correspondentes àquelas expectativas geradas.[119]

---

mercado reconhece nesses um risco de quem os empreende. O limite da capacidade física do estaleiro, entretanto, costuma criar um tipo de comportamento destinado, pelo lado do estaleiro, a manter o interesse da empresa de navegação na continuidade das tratativas (e no cronograma que essa planeja), mas sem reservar o seu espaço físico, caso outra contratação materialize-se antes; e, pelo lado da empresa de navegação, a convencer o estaleiro a reservar o espaço físico do estaleiro para, assim que concluída as negociações, iniciar a execução do projeto. Os movimentos dessa segunda situação, marcado por promessas e declarações destinadas a "amarrar" a outra parte, não raro, criam as legítimas expectativas retrorreferidas.

118 Conforme manifestado alhures: "Assim, no que poderíamos chamar de sua "dimensão negativa", [o princípio da proteção da confiança] busca proteger as expectativas legítimas criadas pela conduta de terceiros. Nessa dimensão, a confiança permite aos indivíduos prosseguir com suas atividades, protegidos de uma eventual conduta leviana, ou melhor, contraditória, de terceiros, em quem se confiou. [...] Não é absurdo ou meramente retórico, portanto, afirmar que, sem uma adequada proteção da confiança legítima, o sistema jurídico sequer estará cumprindo seu papel" (MARTINS, Op. cit., 2008a, p. 12-13).

119 Bruno Schmidlin aponta, corretamente, que quando se analisa o problema da proteção da confiança costuma-se confundir causa com efeito. Não é a intensidade da confiança de um dos contratantes que cria em um terceiro a responsabilidade por protegê-la. Ao contrário, é a situação particular ("situation particulière") que exige a proteção da confiança (SCHMIDLIN, Bruno. La responsabilité fondée sur la confiance en tant que responsabilité de contact quasi contractuelle. In: CHAPPUIS, C.; e WINIGER, B. (Coord.). *La responsabilité fondée sur la*

Assim, em decorrência da atuação do princípio da proteção da confiança legítima, mesmo antes da celebração de um negócio jurídico, é imposto aos negociantes uma responsabilidade pela percepção que suas palavras e atos geram no terceiro.[120] Inversamente, a violação da confiança do outro por um comportamento contraditório, por exemplo, em caso de abandono abrupto e imotivado das tratativas, pode – mas não necessariamente deve – ocasionar a responsabilidade de um dos negociantes.[121] Ou seja, pela incidência do princípio da proteção da confiança legítima, verifica-se que, durante as tratativas, podem ocorrer situações de densificação normativa, com o surgimento do dever de uma das partes não frustrar as legítimas expectativas da outra.

Portanto, verifica-se que os princípios da boa-fé e da proteção da confiança legítima são forças heterônomas que impõem um conteúdo à relação jurídica durante a fase das

---

confinase – Vertrauenshaftung – Journée de la Responsabilité Civile 2000. Zurique: CEJE, 2001. p. 177).

[120] Conforme esclarece Bénédicte Fauvarque-Cosson «[s]i les conditions et les effets de la doctrine de l'estoppel sont fort différents d'un pays à l'autre, l'esprit fondateur de la doctrine demeure le même: une personne ne peut plus se contredire lorsque, par son comportement ou ses paroles, elle a suscité la confiance d'autrui» (FAUVARQUE-COSSON, Bénédicte. La confiance légitime et l'estoppel: rapport général. In: FAUVARQUE-COSSON, Bénédicte (Coord). *La confiance légitime et l'estoppel*. Paris: Societé de Législation Comparée, 2007. p. 11).

[121] Conforme defendido, com base no entendimento de José de Oliveira Ascensão, "a proteção da confiança legítima ocorre quando estão presentes quatro elementos, a saber: i) a confiança deve fundar-se na conduta de outrem; ii) ela deve ser justificada; iii) o agente deve ter feito o chamado 'investimento de confiança'; e iv) há um comportamento que frustra a confiança criada e as providências nela fundadas". Para um aprofundamento desses quatro pontos, remetemos a MARTINS, Op. cit., 2008a, p. 13 e ss.

tratativas, alterando gradualmente aquele estado inicialmente descrito de rarefeita vinculação heterônoma.[122] Essas forças promovem um processo gradual de densificação do conteúdo normativo da relação jurídica, com o surgimento de situações jurídicas a partir da intensificação do contato social.

É bem verdade – e até mesmo decorrência da forma como os princípios se inter-relacionam – que tanto um quanto outro dos mencionados princípios são profundamente influenciados pela autonomia dos participantes da relação jurídica. É de se dizer que os comportamentos que promovem a incidência das regras da boa-fé e os comportamentos motivadores da proteção à confiança legítima são exercícios plenos de autonomia jurídica. Entretanto, sob o aspecto nomogênico, trata-se de uma normatividade de origem exógena, de conteúdo impreciso e, na maioria das vezes, contrária ao interesse imediato de pelo menos uma das partes envolvidas. Mesmo porque, na prática, são muito tênues os limites que separam a ilicitude da licitude nesse campo das relações sociais. A título exemplificativo, qual o conteúdo das declarações feitas por uma das partes que pode motivar legítimas expectativas na outra? Qual o grau mínimo de informação que se é obrigado a disponibilizar sobre um objeto que se quer alienar? Qual o comportamento que se deve adotar quando se negocia uma mesma oportunidade de transação com mais de um interessado? Quais as declarações que devem ser prestadas quando se quer sair de uma negociação? etc.

---

122 Conforme anotam Jorge Mosset Iturraspe e Miguel Piedecasas: "las conductas de los tratantes se juzgan con mayor severidad en la medida en que las conversaciones maduran o avanzan hacia un acuerdo" (ITTURASPE; PIEDECASAS. Op. cit., p. 285).

Para mitigar essas situações complexas, o ordenamento jurídico reconhece um segundo feixe de normatividade, que se projeta a partir do reconhecimento da força jurídica da autonomia privada dos sujeitos. Esse feixe produz uma normatividade autônoma e eventualmente contra ou mesmo ultra-heterônoma durante a fase das tratativas.

Antes de analisar esse ponto, cumpre fazer uma observação conceitual preliminar e relevante sobre o conteúdo da autonomia privada. Conforme anota Franz Bydlinski[123], não se deve confundir a autonomia privada (*Privatautonomie*) e a liberdade contratual (*Handlungsfreiheit*). Essa confusão, conforme alude o jurista austríaco, decorre de ambos os princípios encontrarem na ideia de liberdade jurídica o seu fundamento ou, ao menos, um de seus fundamentos. Entretanto, deve-se reconhecer que o conceito de liberdade contratual tem a sua atuação na relação do sujeito com determinado negócio jurídico, no sentido de que aquele pode tanto escolher se quer realizar um negócio jurídico, qual o tipo de negócio jurídico a ser utilizado e, ainda, qual o conteúdo desse negócio jurídico. O conceito de autonomia privada, entretanto, é mais amplo[124], sendo a sua tônica o reconhecimento da força nomogênica das manifestações do indivíduo, isto é, na capacidade dessas manifestações de

---

123 BYDLINSKY, Franz. *System und Prinzipien des Privatrechts*. Wien; New York: Springer, 1996. p. 148-149.

124 Por conta dessa maior amplitude, reconhece Franz Bydlinski que "es möglich ist, das Freiheitsprinzip in seiner Anwendung auf alle gesellschaftlich-privatrechtlichen (relativ staatsferen) Verhältnisse durchwegs 'Privatautonomi zu nennen'" (BYDLINSKI, Op. cit., 1996, p. 148).

criarem, modificarem ou extinguirem regras jurídicas vinculantes e obrigatórias.[125-126]

Usualmente, reconhece-se na autonomia privada a força criadora da normatividade associada ao negócio jurídico e, portanto, o elemento que marcaria a transição da pré-contratualidade para a contratualidade. Em outras palavras, autonomia privada seria manifestada apenas e tão somente quando da emissão da declaração negocial constitutiva do negócio jurídico que serve de polarizador da relação pré-contratual. Essa visão, entretanto, é reducionista e desconsidera as potencialidades da força da autonomia dos participantes da relação jurídica.

Durante a fase das tratativas, não há, em primeiro lugar, razões para negar que os fatos ali ocorridos e que decorrem de atos de autonomia produzam o efeito de criar, modificar ou extinguir situações jurídicas, no sentido amplo que lhe confere, por exemplo, Pietro Perlingieri.[127] Em outras

---

125 "'Rechtsgeschäftliche' Privatautonomie bezeichnet dagegen etwas durchaus Eigenständiges, nämlich die Möglichkeit für jedermann, durch Erklärung seines Willens bestimmte bindende Rechtsfolgen, und zwar gerade die, auf die der erklärte Wille gerichtet ist, in Geltung zu setzen; also eine spezifische private Art der Schaffung von (regelmäßig individuellen) Rechtsregeln" (BYDLINSKI, Op. cit., 1996, p. 149).

126 Esclarece Francisco Amaral Neto acerca do poder jurídico: "[a] tendência atual é considerar a autonomia da vontade, não obstante as restrições que lhe são impostas, como poder jurígeno e como princípio básico dos negócios jurídicos, ao lado e na forma das disposições do direito positivo" (AMARAL NETO, Op. cit., 1984, p. 293). E continua: "[o] que caracteriza então o poder jurídico é que, com ele, o direito liga certos efeitos à manifestação de vontade individual, garantindo a realização dos objetivos que o sujeito pretende. Poder jurídico significa, assim, vontade juridicamente habilitada a produzir determinados efeitos" (AMARAL NETO, Op. cit., 1984, p. 290).

127 "O efeito é, portanto, um conjunto simples ou complexo de constituição, modificação ou extinção de situações jurídicas. Fazem parte

palavras, na medida em que revestidos deste poder autônomo, o comportamento das partes repercute na esfera jurídica de outrem e é apto, por si só, a gerar repercussões que transcendem a mera formação do vínculo contratual. Um exemplo da amplitude desse fenômeno identifica-se no campo da interpretação do negócio jurídico. No Brasil, conforme consagrado já no Artigo 131, do Código Comercial[128] e replicado no Artigo 113, § 1º, do Código Civil[129], o comportamento das partes posterior à celebração do negócio jurídico é utilizado para interpretá-lo. Entretanto, por igual força, o comportamento anterior das partes,

---

do conceito geral de situação jurídica, por exemplo, o direito subjetivo, o poder jurídico (*potestá*), o interesse legítimo, a obrigação, o ônus, etc.: trata-se sempre de situações subjetivas." (PERLINGIERI, Pietro. Perfis do Direito Civil: introdução ao Direito Civil Constitucional. 2ª ed. Rio de Janeiro, Renovar: 2002. p. 105). Em igual sentido, André Fontes: "[m]odernamente, a ideia de situação jurídica vem associada à de consequência jurídica. Seriam as situações jurídicas em linhas gerais, resultadas da concretiação de normas jurídicas, especialmente as *normas* ditas *atributivas de efeitos*, que, distintamente daquelas outras designadas de *atributivas de deveres*, não criariam relações jurídicas (bilaterais), e sim situações jurídicas (unilaterais), embora na figura da relação jurídica hipotética ocorra a situação nos seus extremos. [...] Na concepção atual da situação jurídica, ela sistemativa e compreende outras categorias, de modo a constituir uma entidade complexa, mas unicompreensiva." (FONTES, André. A pretensão como situação jurídica subjetiva. Belo Horizonte: Del Rey, 2002. pp. 71-73).

128 "Art. 131. Sendo necessario interpretar as clausulas do contracto, a interpretação, além das regras sobreditas, será regulada sobre as seguintes bases: [...] 3. O facto dos contrahentes posterior ao contracto, que tiver relação com o objecto principal, será a melhor explicação da vontade que as partes tiverão no acto da celebração do mesmo contracto; [...]."

129 "Art. 113. [...] § 1º A interpretação do negócio jurídico deve lhe atribuir o sentido que: I - for confirmado pelo comportamento das partes posterior à celebração do negócio; [...]." Dispositivo introduzido pela Lei no. 13.874, de 2019.

enquanto manifestação da autonomia privada e indicativos do "conjunto de circunstâncias que conferem significado e valor"[130] à declaração negocial, também deve ser entendido como um elemento importante para interpretação dos negócios jurídicos que vierem a ser celebrados. Conforme esclarece Emílio Betti:

> "A interpretação fixa o conteúdo e reconstrói o significado das declarações e comportamentos, tendo também em atenção os fatos antecedentes e os consequentes que lhes andam ligados e, em particular, considerando tanto as negociações preliminares de que resultou a celebração do negócio, como as modalidades de conduta com que, posteriormente, se deu observância ao negócio celebrado."[131]

---

[130] BETTI, Emílio. Teoria Geral do Negócio Jurídico. t. II. Campinas: LZN, 2003. p. 174. Emílio Betti assim expandiu o tema: "Na verdade, o que conta não é tanto o teor das palavras ou a materialidade da conduta, como a situação objetiva em que aquelas são pronunciadas ou subscritas, e esta é tida: o mesmo é dizer, aquele complexo de circunstâncias em que a declaração e o comportamento se enquadram como seu meio natural e em que assumem, segundo o ponto de vista da consciência social, o seu típico significado e valor." (Ibidem).

[131] Idem, p. 176. E complementa: é formalismo excessivo sustentar – seguindo a chamada cláusula áurea dos anglo-saxões – que a declaração documental deve ser interpretada *ex se*, assim como entender que as negociações precedentes não podem ser utilizadas como meios de interpretação autêntica, prévia ou sucessiva. Na verdade, nem a declaração interpretativa, nem a conclusiva, podem ser lugar a uma brusca separação do preceito contratual do seu processo de formação, nem da totalidade espiritual em que ele, naturalmente, se enquadra,

Por igual motivo, não há razões para negar que os particulares possuam o poder de regular seus próprios interesses, estabelecendo normas comportamentais vinculantes e obrigatórias,[132] independentemente da posterior celebração de negócio jurídico dito principal. Os sujeitos que se encontram em tratativas não são apenas espectadores na construção da relação jurídica, mas atores que reagem tanto ao comportamento do outro como às exigências do ordenamento jurídico no qual estão situados.[133] Essa reação pode materializar-se tanto em negócios jurídicos, declarações negociais, comportamentos concludentes, ou atos de ainda mais rarefeita normatividade, mas aptos a, a partir do reconhecimento da autonomia privada, alterarem o conteúdo da relação jurídica em formação.

Nesse sentido, verifica-se, dentre outras manifestações relevantes da autonomia privada, a ocorrência de inúmeras

---

como manifestação da autonomia privada. As negociações prévias [...] assim como os outros meios interpretativos extra texto, poderão ser utilizada apenas com a limitação da incompatibilidade: isto é, na medida em que não estejam em oposição , mas sejam, por qualquer modo, compatíveis com o teor da declaração conclusiva, ou com o significado fixado numa declarácõ interpretativa subsequente, ressalvadas sempre, para esta, a prova de haver sido determinada por erro de fato, ou por violência [...]." (Idem, pp. 178).

132 Conforme Rodolfo Sacco: "L'autonomie permet de satisfaire ses propres besoins et nécessités, en les graduant conformément à des priorités subjectives et des préférences personnelles. On pourvoit à ces besoins par des échanges, qui, pris dans leur ensemble, constituent le 'trafic' juridique à l'ouvre dans la société" (SACCO, Rodolfo. Liberté contractuelle, volonté contractuelle. *Revue internationale de Droit comparé*, v. 59, n. 4, 2007. p. 744).

133 Neste sentido, segundo Francisco Amaral Neto: "[e]sse poder reconhecido aos particulares dá-lhes legitimação e competência para criarem normas jurídicas que, na grande maioria dos casos, são individuais e concretas" (AMARAL NETO, Op. cit., 1984, p. 297).

declarações negociais com o objetivo de criar uma normatização autônoma dessa fase contratual.[134-135] Elas têm conteúdo tão diversos quanto reiterar ou acentuar as regras relacionadas à incidência da boa-fé, obrigarem as partes a não negociar com terceiros, criar deveres de comportamento específicos a serem observados durante (e mesmo após) as tratativas, como é o caso de deveres de sigilo, ou mesmo preestabelecer determinadas cláusulas que devem obrigatoriamente constar do contrato final que vier a ser celebrado, antecipando em parte o seu conteúdo.

Interessante notar que, mesmo nos países que já reconhecem a existência de deveres heterônomos na fase pré-contratual[136], em decorrência da própria fluidez e da incerteza que cercam tais direitos, faz-se conveniente que as partes, num processo de negociação, tenham o cuidado de regulá-los, com o intuito de conferir à relação jurídica maior segurança jurídica.[137]

---

134 Mesmo porque, conforme observa Francisco Amaral Neto: "não há razões para não se considerar a norma negocial como norma jurídica [...]" (Idem, p. 311).

135 É interessante notar que o reconhecimento das manifestações da autonomia privada na fase pré-contratual surge, nos países da tradição romano-germânica, a partir do reconhecimento da teoria da responsabilidade pré-contratual e, consequentemente, da existência de uma série de deveres heterônomos decorrentes de princípios como da boa-fé e da proteção da confiança legítima. Entretanto, nos países ligados à tradição do direito anglo-saxão, a principal dessas manifestações de autonomia privada surge a partir da necessidade justamente oposta, isto é, atribuir densidade normativa à fase pré-contratual. Afinal, no direito desses países (GILIKER. Op. cit., p. 74-76) vigora a regra da desnecessidade de se observar quaisquer deveres decorrentes da boa-fé, caso as partes não tenham expressamente assumido tal obrigação.

136 COSTA. Op. cit., p. 78.

137 Daí a ligação intrínseca entre o reconhecimento de uma normatividade autônoma na fase das tratativas e o desenvolvimento de negociações de

Observe-se, entretanto, que a autonomia privada não é um poder absoluto e ilimitado. Muito pelo contrário, a um, conforme esse esquema básico delineado demonstra, as duas forças nomogênicas interagem de maneira dialética. A dois, ambas as normatividades não se colocam no mesmo plano, uma vez que a normatividade autônoma é o resultado de um poder nomogênico derivado, a autonomia privada. Não se trata, entretanto, de uma normatividade inferior, mas simplesmente do fato de que o seu campo de atuação é delimitado pelo poder originário, a quem compete ampliá-lo, restringi-lo ou até mesmo negar qualquer aplicação.[138] Conforme anota José de Azeredo Perdigão:

> [...] [c]ompreende-se, porém, que a força criadora da vontade não seja absoluta, isto é, que haja limites às suas manifestações. Esses limites constituem processos de resolver o

---

maior complexidade no plano internacional. Afinal, "a celebração de contratos por sujeitos inseridos em ordenamentos jurídicos diferentes coloca desafios especiais às partes, no que concerne ao controlo das circunstâncias jurídicas envolventes. Por um lado, existem diferenças significativas entre os regimes dos diversos ordenamentos jurídicos [...] e, por outro, as partes podem não estar familiarizadas com o ordenamento jurídico da parte contrária, não tendo conhecimento sólido das consequências jurídicas que ele prevê para aquele contrato, nem das suas normas de conflito. Essa situação de incerteza gera uma forte insegurança negocial, que leva os contraentes, sobretudo em negociações mais complexas, a optarem por reduzir a escrito o decurso do processo negocial, procurando a sua regulação: a incerteza da plurilocalização é substituída pela criação voluntária de um quadro jurídico unificado de regulação do processo de negociações" (Idem, p. 74-75).

[138] AMARAL NETO, Op. cit., 1984, p. 300.

> eterno conflito entre o interesse individual e o interesse coletivo.[139]

Mesmo porque, conforme continua o referido jurista lusitano, "[...] o direito não protege a vontade em si mesma, independentemente do seu conteúdo e do seu fim; protege, sim, o interesse individual legítimo, no quadro dos superiores interesses colectivos".[140]

Esse cenário demonstra que atuam sobre a formação do conteúdo da relação jurídica obrigacional fatores tanto decorrentes do comportamento negocial das partes quanto de exigências legais.[141] É um movimento dinâmico de formação gradual da relação jurídica, a partir da dialética entre a atuação das partes envolvidas, que manifestam sua autonomia privada em movimentos de construção e desconstrução da relação jurídica, e as exigências do ordenamento jurídico estatal, que limitam direitos e impõe deveres às partes em benefício da adoção de comportamentos éticos e protegendo legítimas expectativas. A influência de ambos fatores opera a transformação de uma relação jurídica sem conteúdo vinculante nem obrigatório em uma relação jurídica normatizada, isto é, repleta de situações jurídicas (e não meramente sociais, morais ou honoríficas) como direitos, obrigações, pretensões, expectativas legítimas, vinculações etc.[142] Essa relação

---

139 PERDIGÃO, José de Azeredo. O princípio da autonomia da vontade e as cláusulas limitativas da responsabilidade civil. *Revista da Ordem dos Advogados*, Lisboa, v. 3 e 4, a. 6, 1946. p. 26.

140 Idem, p. 26-27.

141 Cf. VASCONCELOS, Op. cit., p. 366 e ss.

142 Não há de se confundir este movimento de densificação normativa da relação jurídica, com o que a doutrina chama de "formação progressiva do contrato". Esse último é o processo pelo qual o conteúdo de um negócio jurídico é gradualmente fixado pelas partes, ao longo das

dialética, entre autonomia e heteronima,[143] será constitutiva da relação jurídica pré-contratual no direito privado brasileiro.[144] E nela, encontraremos a função dos Negócios

---

tratativas, podendo o conteúdo já estabelecido ser ou não vinculante e obrigatório para as partes. Nesse caso, diferentemente do modelo clássico de aceitação e proposta, em que o contrato se forma em um único ato, reconhece-se que o conteúdo obrigatório do negócio jurídico seja estabelecido em etapas. Mesmo sem um consenso acerca de todas as etapas previstas para o negócio jurídico, aquelas já definidas podem vincular as partes e serem obrigatórias, na medida em que compatível com o programa contratual. O processo de densificação normativa da relação jurídica, durante a fase das tratativas, passa naturalmente pelo reconhecimento da "formação progressiva do contrato", enquanto prática negocial válida. Entretanto, ele não se reduz a esta. Ao contrário, reconhece-se a existência de situações jurídicas criadas durante essa fase e que não guardam relação direta com o interesse contratual de referência. Elas são criadas ou pela autonomia privada das partes ou por exigências legais, que criam vínculos obrigatórios antes mesmo da formação de (todo ou parte de) um negócio jurídico.

143 Conforme observa Pedro Pais de Vasconcelos: "[a] relação da autonomia privada e da heteronomia pública é dialética e exprime a tensão permanente entre o modo privado e o modo estatal de criação de direito. A repartição concreta, em cada caso, depende da natureza mais ou menos dirigista da organização da comunidade em Estado e daqueles que nela detêm o poder estatal" (VASCONCELOS. Op. cit., p. 367). Essa natureza dialética não é, entretanto, reconhecida por todos, como verifica-se na posição de Petro Pierlingieri, que parece adotar uma lógica meramente complementar entre as citadas fontes (PERLINGIERI. Op. cit., 2002, p. 327-328).

144 Em que pese a notória deficiência do Código Civil no tratamento da fase pré-contratual, deve-se reconhecer que o referido Diploma capitou com inigualável acuidade essa relação dialética e polêmica. Cite-se, exemplificativamente, na parte geral do Código, os artigos 113, 129 e 187, o primeiro condicionando à interpretação da declaração negocial aos ditames da boa-fé, em seu aspecto objetivo, o segundo moldando a eficácia das condições resolutivas nos negócios jurídicos de execução continuada ou periódica ao mesmo parâmetro heterônomo, e o último

Jurídicos Preliminares que serão tradados na segunda parte do trabalho:

estabelecendo a boa-fé objetiva como filtro de licitude do exercício de posições jurídicas. Cite-se, ainda exemplificativamente, na parte especial desse Diploma, os fundamentais artigos 425, 421 e 422, que transformam essa dialética na força geratriz fundamental das relações contratuais, ao indicar, por um lado, a autonomia privada como força inovadora do sistema jurídico, diante da possibilidade de criar novas relações contratuais atípicas, e, por outro lado, limitar, condicionar e submeter esta força a um postulado de razoabilidade determinado pela função social do contrato e pela boa-fé, em seu aspecto objetivo.

SEGUNDA PARTE
A CONTRATUALIZAÇÃO DAS TRATATIVAS

CAPÍTULO QUARTO
FUNÇÃO, NATUREZA JURÍDICA E ÍNDICES DO TIPO DOS NEGÓCIOS JURÍDICOS PRELIMINARES

A análise da relação jurídica na fase das tratativas demonstrou uma palpável tensão entre o comportamento negocial das partes e as exigências de natureza normativa e deontológica. Para aquele envolvido no processo, essa tensão traduz-se em insegurança jurídica, notadamente quando não é possível antecipar o comportamento legalmente exigível nem quais as consequências da realização de certo ato ou declaração negocial.

A principal razão para tanto é que, nessa fase da relação jurídica, a normatividade heterônoma que se estabelece é caracterizada pela prevalência de determinados *standards* de conduta – por natureza mais vagos e abstratos – e não pelo que os economistas comportamentais classificariam como sendo "regras" – comandos normativos menos sujeitos à aplicação discricionária e, portanto, mais concretos. A consequência dessa situação é o que Daniel Kahneman, Olivier Sibony e Cass R. Sunstein chamam de "ruído"[145], isto é, inconsistências na aplicação de norma e causa de grande insegurança e até mesmo um certo grau de injustiça para os envolvidos.

Como estratégia para reduzir incerteza, as partes em tratativas buscam pactuar determinadas regras de conduta, de modo a conferir maior concretude aos referidos *standards* comportamentais. Isso é feito por meio da celebração de negócios jurídicos destinados a reduzir a exposição dos envolvidos a determinados riscos, seja afastando a incidência de certas consequências normativas, modificando-as ou mesmo tornando inequívoca essas consequências ao caso concreto.

Apenas para ilustrar o ponto, considere-se a seguinte negociação para a compra do controle de uma sociedade:

Do lado do vendedor, ele não sabe se ou quanto deve investir nesse projeto em gestação por insegurança quanto à seriedade e ao comprometimento negocial da outra parte. Há um justificado receio de transmitir informações consideradas sensíveis, ainda que necessárias para a correta avaliação do ativo transacionado. Por fim, desconhece-se até mesmo as consequências jurídicas de, em determinado momento, encerrar as tratativas.

---

145 V. KAHNEMAN, Daniel; SIBONY, Olivier; SUBSTEIN, Cass R. *Noise*: a flaw in human judgement. New York: Little, Brown Spark, 2021. pp. 350 e ss.

Do lado do comprador, ele deveria realizar um trabalho de auditoria[146], por meio do qual verificar-se-ia a qualidade das informações prestadas pelo vendedor e a existência de eventuais passivos desconhecidos na sociedade. Trata-se de uma atividade que envolverá profissionais de diversas especialidades, consumindo tempo e recursos. Para ser corretamente realizado, o empresário deverá ter acesso a informações sensíveis da outra parte como, por exemplo, o modelo de negócios, a estrutura de capital, passivos e contingências, documentos tidos pelo vendedor como confidenciais. Isso naturalmente em um momento da relação jurídica no qual, por um lado, nenhuma das partes tem certeza quanto à realização do negócio jurídico e, por outro, buscam elas realizar o mínimo necessário para manter o fluxo do processo de negociação.
Com o objetivo de resguardar os envolvidos na negociação, seria razoável a celebração de um negócio jurídico que poderia limitar-se às seguintes disposições:

> **Exemplo 1:**
> Cláusula Primeira - Como condição para a continuação da negociação dos termos do contrato definitivo de compra do controle da Sociedade, Empresário deverá conduzir um processo de auditoria na Sociedade, suas subsidiárias e respectivas operações comerciais, incluindo, nesta

146 Normalmente, referido pelo anglicanismo *due diligence*. Conforme esclarece a doutrina: "[t]he basic function of M&A due diligence, then, is to assess the benefits and the liabilities of a proposed acquisition by inquiring into all relevant aspects of the past, present, and predictable future of the business to be purchased." (LAJOUX, Alexandra Reed; ELSON, Charles M. The art of M&A Due Diligence. 2nd ed.: New York: McGrall Hill, 2011. pp. 6-7).

auditoria, aspectos regulatórios, operacionais, comerciais, tributários, contábeis, trabalhistas, consumeristas e ambientais ("Due Diligence")[147].

Cláusula Segunda – O Empresário e seus consultores deverão guardar sigilo de todas as informações recebidas durante o processo de Due Diligence e não fazer qualquer uso delas que seja estranho à finalidade da Due Diligence.

Cláusula Terceira - A Due Diligence deverá ser concluída no prazo de 30 (trinta) dias, obrigando-se o Empresário, até o termo final desse prazo, comunicar ao Controlador se tem interesse em adquirir o controle da Sociedade.

Cláusula Quarta - Caso o Empresário manifeste seu interesse em adquirir o controle da Sociedade, mas a venda não ocorra em até 60 (sessenta) dias por fatos alheios à vontade do Empresário, o Controlador deverá indenizá-lo pelos custos

---

[147] Para evitar a repetição de enunciados complexos, adota-se a técnica de utilização de "termos definidos". Assim, substitui-se uma longa definição ("processo de auditoria na Sociedade, suas subsidiárias e respectivas operações comerciais, incluindo, nesta auditoria, aspectos regulatórios, operacionais, comerciais, tributários, contábeis, trabalhistas, consumeristas e ambientais") por um termo ("Due Diligence") que, sempre que utilizado, deverá ser entendido como a repetição daquela definição. Para indicar que se está tratando de um termo definido, a prática mais corrente é colocar a palavra entre aspas e capitalizar a primeira ("Due Diligence") ou todas as letras ("DUE DILIGENCE"). Não é incomum ainda a utilização de outras marcações – como itálico, negrito ou a combinação delas – para a mesma finalidade.
A existência, no Exemplo 1, de outros termos com a primeira letra capitalizada (Sociedade, Empresário, Controlador) indica que os respectivos termos foram definidos em outro lugar do documento, como no preâmbulo que não foi transcrito.

comprovadamente incorridos com a Due Diligence, no valor de até R$ 60.000,00 (sessenta mil reais).
Cláusula Quinta – Até o decurso do prazo de 60 (sessenta) dias, referido na Cláusula Quarta, o Empresário terá exclusividade na negociação da aquisição do controle da Sociedade.

Embora celebrado em um momento anterior ao contrato de compra e venda (que pode sequer vir a ser realizado), mesmo em uma análise superficial, é possível concluir que o Exemplo 1 não guarda relação com uma proposta nem com um contrato preliminar, as duas declarações negociais que ocorrem durante o processo de tratativas e estão legalmente tipificadas nos artigos 427 e 462, do Código Civil, respectivamente.

Sobressai do Exemplo 1 que, em nenhum momento, convencionou-se que o Empresário teria a obrigação de adquirir o controle da Sociedade nem que o Controlador teria a obrigação de a vender. Pelo contrário, em sua Cláusula Terceira fica claro que, ao final da Due Diligence, o Empresário manifestará se tem ou não interesse em evoluir nas negociações para a aquisição do controle da Sociedade, após ter tido acesso a informações adicionais acerca daquilo que estaria adquirindo. Então, para que serve o contrato transcrito no Exemplo 1?

Ainda sem entrar a fundo no conteúdo do documento, é possível afirmar que sua celebração já agrega, para as partes em tratativas, maior grau de confiança em relação à seriedade do processo de negociação. Afinal, a mera celebração do documento já indica um interesse das partes de documentar certas declarações negociais com o objetivo fazer prova dos compromissos até ali assumidos. No Exemplo 1, entretanto, já se verifica um conteúdo que avança em relação ao que seria o de uma mera carta principiológica, isto é, um documento sem nenhum conteúdo obrigacional. Há nele três aspectos que precisam ser analisados:

Em primeiro lugar, a Cláusula Segunda dispõe sobre o dever de sigilo e instrumentalidade[148] em relação às informações recebidas durante as tratativas. Embora se reconheça tais deveres como decorrentes da cláusula geral da boa-fé, há aqui já um esforço de conferir maior concretização a essa normatividade heterônoma, tornando inequívoco os deveres relacionados ao fluxo informacional gerado pelo processo de tratativas. Um desdobramento que poderia ter sido implementado no Exemplo 1, com o mesmo objetivo de dirimir incertezas, seria avançar na regulamentação, estabelecendo, por exemplo, definições sobre quais as informações receberiam o tratamento de confidencial ou ainda cláusulas penais para o descumprimento do dever de sigilo.

Além disto, na Cláusula Quarta, encontra-se dispositivo destinado a ratear entre as partes os custos financeiros relacionados ao processo de tratativas. Nesse ponto, as partes negociaram que o Empresário arcará com os custos do processo de Due Diligence caso, após a sua conclusão, não

---

148 Conforme anota Judith Martins-Costa, "[c]onquanto haja contratos em que a informação configure o próprio objeto da obrigação principal de prestação, normalmente, a informação tem caráter instrumental. Deve-se a informação *para* obter-se o consentimento esclarecido à determinada proposta [...] seja caracterizada como dever anexo a uma prestação principal, seja como dever lateral ao dever de prestação a informação é, no mais das vezes, marcada pela instrumentalidade (informa-se *para* atingir determinado resultado útil) e pela relacionalidade (o dever e sua intensidade são relativos às concretas situações, pois o que pode ser uma informação lacunosa ou incompreensível para um leigo, poderá ser uma informação despicienda para um professional." (MARTINS-COSTA, Judith Hofmeister. A boa-fé no direito privado: critérios para a sua aplicação. São Paulo: Marcial Pons, 2015. pp. 529-530)

haja interesse em adquirir o controle ou a aquisição venha a se concretizar. Por outro lado, se o Empresário tiver interesse na transação e ela não vier a se materializar por fatores alheios à vontade dele, o custo por ele incorrido será indenizado até determinado limite.

Aqui, encontramos um cenário diverso da Cláusula Segunda, isto é, uma regulação autônoma para tratar de uma situação que, a princípio, não decorreria naturalmente de uma normatividade heterônoma. Embora se pudesse defender, em casos extremos, que uma das partes deve indenizar os prejuízos sofridos pela outra com a frustração das tratativas, trata-se inegavelmente de situação jurídica precária, incerta e excepcional[149]. Nesse cenário, as partes regulamentam os limites e as hipóteses desse dever de indenizar, alocando o risco entre elas da maneira que melhor lhes convém.

Finalmente, a análise do conjunto de cláusulas do Exemplo 1 indica ainda uma verdadeira regulação autônoma do procedimento de tratativas. Por meio dele, as partes estabelecem prazos, procedimentos e determinadas condições (e.g., com exclusividade) nas quais se dará a negociação. Aqui, as partes estabelecem um regramento que lhes é conveniente para a adequada alocação de riscos e incertezas do processo de negociação.

---

[149] Em seu clássico estudo sobre a responsabilidade pré-contratual, Antônio Chaves já advertia sobre o recesso das tratativas: "[...] um simples interesse atingido não constituirá supedâneo para uma ação de perdas e danos. Não se pode cogitar em ' injustiça subjetiva', sob pena de, como intuito de esquivar um inconveniente, recair-se em excesso muito mais grve, retirando-se a cada qual o arbítrio, que deve ser reconhecido, de orientar-se em suas decisões de maneira que melhor le aprouver" (CHAVES: Antônio. Responsabilidade pré-contratual. Rio de Janeiro: Forense, 1959. p. 50)

Interessante destacar, no Exemplo 1, que nada nele diz respeito ao conteúdo do chamado negócio jurídico principal. Ali não consta o objeto dele (de maneira precisa, ao menos), preço, condições, garantias, consentimento. E tal "omissão" decorre da especificidade do seu escopo que não se confunde com a transação futura. O objeto do Exemplo 1 consiste em normatizar autonomamente as tratativas e não quaisquer aspectos do negócio jurídico principal, que pode sequer vir a existir e essa eventual inexistência não afeta a validade do instrumento acima.[150] Cumpre, portanto, entender que negócio jurídico é este e a que ele se refere.

Para tanto, retome-se um ponto importante sobre a evolução das tratativas. Nos países da tradição romano-germânica, desde o início do século XX[151], reconhece-se a teoria da responsabilidade pré-contratual e, consequentemente, a existência de uma série de deveres heterônomos decorrentes de princípios como os da boa-fé e da proteção da confiança legítima. Entretanto, nos países ligados à tradição do direito anglo-saxão, pelo menos de acordo com a teoria

---

150 Como ocorre no Exemplo 1, notadamente na Cláusula Quarta, a celebração do negócio jurídico principal pode ser condição de eficácia para determinadas disposições. Entretanto, a validade do documento não chega a ser afetada pela superveniência ou não desse negócio jurídico principal.

151 O trabalho pioneiro sobre o tema, de Rudolf von Jhering, data de meados do século XIX. Entretanto, conforme anota Paulo Mota Pinto, a primeira tradução para o francês e sua circulação fora da Alemanha inicia-se apenas na última década do século XIX, sendo importante destacar que a doutrina positiva-se na legislação editada a partir do século XX. V. PINTO, Paulo Cardoso Correia da Mota. Nota Introdutória. In: JHERING, Rudolf von. Culpa in contrahendo ou indemnização em contratos nulos ou não chegados à perfeição. Coimbra: Almedina, 2008, pp. V e ss. Para uma evolução histórica do tema, V. CUNHA, Op. cit., pp. 13-26.

tradicional,[152] vigora a regra da desnecessidade de se observar quaisquer deveres decorrentes da boa-fé caso as partes não tenham expressamente assumido tal obrigação[153]. Para evitar tal "vácuo" normativo e melhor alocar os riscos decorrentes do processo de tratativas, foram realizados negócios jurídicos bilaterais ou unilaterais, tendo por objeto, justamente, criar um modelo de comportamento para as partes. Tais negócios jurídicos tinham conteúdos tão diversos quanto obrigar as partes a negociarem de boa-fé, obrigarem as partes a não negociar com terceiros (direito de exclusividade), criar deveres de comportamento específicos a serem observados durante (e mesmo após) as tratativas,[154] como é o caso de deveres de sigilo, ou mesmo estabelecer

---

152 Entretanto, conforme anota Paula Giliker, tal característica vem sendo relativizada ao longo do tempo. Se é bem verdade que os países da tradição anglo-saxã ainda têm na autonomia privada o norte fundamental do comportamento das partes durante a fase pré-contratual, verifica-se, especialmente no Direito norte-americano, um movimento tanto legislativo quanto jurisprudencial em direção ao reconhecimento de deveres decorrentes da boa-fé na fase pré-contratual. Entretanto, tal movimento ainda não foi sentido na jurisprudência inglesa (GLILIKEROp. cit., pp. 74-76). Para uma análise do tratamento da responsabilidade civil na fase das tratativas sob uma perspectiva do Direito comparado entre os sistemas da *common law* e da *civil law,* V. por todos: FRADERA, Op. cit., 1997.

153 Conforme Dário Moura Vicente, "cada um participava nas negociações por sua conta e risco. Nenhuma sanção era em princípio aplicável a quem ocultasse elementos que pudessem incluir sobre a decisão de outrem de contratar ou não comunicasse à contraparte uma causa de invalidade do contrato. Por outro lado, o rompimento das negociações, ainda que arbitrário, era tido (e continua a sê-lo [...] pelo menos no Direito inglês) por perfeitamente lícito [...]." (VICENTE, Dário Manuel Lentz de Moura. Da responsabilidade pré-contratual em Direito Internacional Privado. Coimbra: Almedina, 2001., pp. 274-275).

154 COSTA, Op. cit., p. 78.

obrigações que sejam necessárias para a evolução das tratativas[155].

Embora tais acordos tenham se propagado e sejam usuais nas negociações de transações de maior complexidade, pelo próprio espírito prático dos países anglo-saxões, nunca houve um esforço mais amplo para dar um tratamento unitário para o fenômeno. Tal característica, entretanto, justifica-se na medida em que, conforme conclui Marcus Lutter[156], não se verifica na realização destes acordos uma preocupação em estabelecer tipologias para as declarações contratuais de natureza pré-contratual aqui tratadas. Ao contrário, tais instrumentos são empregues para alcançar alguma finalidade jurídico-econômica relativa ao contexto negocial em que se insere[157].

Consequentemente, eles não foram submetidos a um esforço de precisão terminológica[158]. Verifica-se, nesse sentido, a

---

155 Um exemplo que ilustra este caso é o caso de transações que demandem autorizações governamentais prévias. Embora também seja comum a negociação de um contrato tendo a autorização como condição suspensiva, não é incomum que as tratativas fiquem paradas aguardando a obtenção da autorização prévia. Nesse caso, a obrigação de obtenção da autorização prévia costuma ser objeto de um contrato, no qual as partes promoverão a distribuição dos riscos relacionados à sua não obtenção ou a desistência das tratativas após a autorização prévia.

156 LUTTER, Marcus. *Der letter of intent*. 3. Auflage. Köln: Carl Jeymanns, 1998., p. 3.

157 Aliás, como é comum em relações de natureza comercial, a criação deste prática comercial veio envolta em um alto grau de informalidade e sem uma preocupação de sistematizar o que estava sendo feito por diferentes atores e em contextos específicos. V. CAVALLI, Cássio. *Direito Comercial*: passado, presente e futuro. Rio de Janeiro: Elsevier, 2012., pp. 56 et seq.

158 Essa confusão é bem retratada no trabalho de Steve Coll sobre o famoso caso envolvendo a aquisição do controle da empresa Getty Oil e o que ficou conhecido como o caso de USD 10 bilhões de dólares. Girando

falta de consenso acerca de como denominar essa prática contratual,[159] sendo comum, por um lado, encontrar o emprego de denominações diversas[160-161] para tratar de um

o litígio em torno da vinculação das partes a um documento denominado de "agreement in principle," assim ele descreve as diferentes percepções sobre o mesmo: "Was the deal done? [...] That depended, obviously, on how one interpreted the phrase 'agreement in principle.' If one assumed the perspective of the merger game-player, if one subordinated the objective meaning of language to the rules of the game, then the agreement in principle was no agreement at all. To Geoff Boisi, the Getty Oil banker who had played this game hundreds of times before, an agreement in principle meant simply that nothing was final, that everything was up for grabs. This was not his personal definition; it was a convention of the game he played. [...] But clearly there are risks attached to the appropriation of language, especially when the conventions of a game are not universally comprehended. Words, finally, convey objective meaning. Throughout the battle for control of Getty Oil, references were constantly made to the 'public investor,' and the image conjured was of a common man [...] To such investor, armed with a dictionary and reading Getty Oil's press release on the morning of Wednesday, January 4, the phrase 'agreement in principle' would hardly have indicated that everything was up for grabs. It would have suggested, to the contrary, that an agreement had been reached." (COLL, Steve. *The taking of Getty Oil*. New York: Open Road, 1987, pp. 317-318).

[159] LAKE; DRAETTA, Op. cit., p. 3.

[160] A título exemplificativo, cite-se: "memorando de entendimentos", "prococolos", "cartas de entendimentos", "pré-contratos", etc.

[161] O nome que as partes conferem ao instrumento contratual elaborado é, sem dúvidas, um importante elemento no processo de qualificação. Entretanto, no caso das declarações negociais pré-contratuais, a análise dos nomes dados aos documentos deve ser feita *cum grano salis*, tendo em vista a absoluta ausência de consenso quanto aos mesmos. Conforme anota Guido Alpa: "[e]n effet, le phénomène, aujourd'hui très répandu, d'échange de lettres, ou d'envoi d'une lettre d'une partie à l'autre, dans la phase qui précède la conclusion du contrat peut s'entendre tour à tour, selon les commentateurs, comme moyen de communication d'informations; moyen our discipliner les phases du processus de

mesmo fenômeno contratual e, por outro, encontrar um mesmo termo servindo de referente para fenômenos distintos[162].

E se não há um consenso acerca do nome, mais problemática ainda é a tentativa de se delimitar a sua abrangência material. Afinal, se há algum consenso doutrinário nesta matéria, ele reside justamente em apontar a grande maleabilidade desses negócios jurídicos, sendo possível identificar nessa prática realidades jurídicas muito distintas, que vão desde declarações unilaterais até contratos, desde a

---

négociation; mémorandum de points déjà fixés; contrat parfait considéré à tort comme 'letter of intent'. Il faut préciser tout de suite que la première et la deuxième hypothèses sont considérées, dans notre expérience aussi, comme des 'letters of intent' (même si la matière n'a pas encore été analysée attentivement); la troisième hypothèse donne lieu à la minute ou 'punctuazione', donne se rapproche ou du contrat préliminaire ou de la formation progressive du contrat; la quatrième hypothèse concerne le caractère exhaustif de contenu de l'accord." (ALPA, Op. cit., p. 338). Doutrinadores que desconsideram esta característica e tentam impor limitações ao processo de qualificação com base na denominação dos documentos trocados não tiveram, portanto, muito êxito. Conforme Ralph B. Lake e Ugo Draetta apontam: "[i]t has also been implied that the phrase 'letter of intent' denotes a document that 'seeks only to arouse the interest of a prospective partner' and thus is more preliminary than a letter of understanding' or a 'memorandum of understanding' which are characterized as interim arrangements... which have a binding character. [...] Their users, commentators, and courts refuse to be limited by the distinction and regularly use and characterize documents as having a binding character that are denominated as letters of intent." (LAKE; DRAETTA, Op. cit., p. 6)

162 "Cartas de Intenção", por exemplo, é um termo usado não apenas para tratar de declarações negociais pré contratuais, como para denominar transações envolvendo estados e organizações internacionais, significando não um negócio jurídico pré-contratual, mas um tratado de qualquer natureza envolvendo partes que não tenham capacidade contratual ou que representem um governo provisório (LAKE; DRAETTA, Op. cit., pp. 3-4)

assunção de obrigações negativas (como deveres de sigilo e de não negociar com terceiros) até obrigações positivas (como obrigações de negociar e de praticar atos destinados à viabilizar o processo de negociações), desde declarações consubstanciadas em missivas de poucas linhas até contratos que buscam abordar os temas nele tratados de forma minudente[163].

Em que pese a prática ser pouco cartesiana, como seria natural em um mundo globalizado e no qual os países anglo-saxões exercem grande influência nas atividades comerciais, ela foi gradualmente incorporada nos países da tradição romano-germânica, dentre os quais o Brasil. Embora aqui se encontre a fase das tratativas submetida a uma maior densidade normativa, verifica-se a mesma necessidade, qual seja, adequar o que seria um modelo geral às necessidades das partes no caso concreto. Nesse sentido, a introdução dessas declarações negociais decorre da percepção de que o modelo normativo heterônomo não atende as necessidades práticas da adequada alocação de riscos entre as partes em tratativas. Entretanto, no que é mais relevante para o presente estudo, sua introdução, como seria de se esperar,

---

[163] O jurista alemão Marcus Lutter, em importante trabalho sobre o tema das "Cartas de Intenção", empreende uma análise relativamente formalista do fenômeno dos Negócios Jurídicos Preliminares, aproximando demasiadamente a estrutura de formação destes da vetusta estrutura de "proposta e aceitação". Neste sentido, talvez por atribuir mais importância ao significante do que ao significado, defendia que as cartas de intenção deveriam materializar-se em declarações unilaterais dirigidas a outra parte, por meio do qual as linhas genéricas do Acordo de Negociação seriam "propostas", a espera de uma "aceitação" pela outra parte (LUTTER, Op. cit., pp. 9-10). Ocorre que, conforme bem-humorada crítica feira à opinião de Marcus Lutter, aqueles que se valem das referidas "Carta de Intenção" não tem permitido que sua prática negocial seja restringida por esta limitação onomástica (LAKE; DRAETTA, Op. cit., p. 60).

deu-se com as mesmas fluidez e falta de sistematicidade que marcaram o surgimento do fenômeno nos países da tradição anglo-saxônica.

Nesse cenário, a ideia de empregar o raciocínio tipológico na análise de declarações negociais manifestadas durante as tratativas não é alheia a controvérsias[164]. Afinal, como se viu, aspectos práticos, terminológicos, formais e mesmo materiais parecem desaconselhar tal empreitada, na medida em que a própria identificação do objeto analisado envolve uma séria de escolhas e recortes que, ao menos à primeira vista, mostram-se aleatórios. Tal heterogeneidade sugeriria mesmo a inviabilidade de se propor a construção de algum modelo dogmático para abarcar tal fenômeno que não se prende a estruturas intelectuais pré-estabelecidas, mas a necessidades da operação jurídico-econômica em desenvolvimento.

Entretanto, tal dificuldade aparente não implica em uma impossibilidade. Afinal, deve-se notar que nem todos os tipos contratuais correspondem aos tipos legais. Muito pelo contrário, reconhece-se na prática negocial a figura dos chamados tipos sociais, isto é, tipos que vão sendo configurados para desempenhar funções econômico-sociais que não encontram guarida naqueles legalmente

164 "It is interesting to speculate about the extent to which the phrase 'letter of intent' has become term of art, that is, the extent to which the letter of intent has become an instrument that differs from others sufficiently to become a unique legal creation distinguishable form [sic] other precontractual instruments." (LAKE; DRAETTA, Op. cit., p. 6).

previstos.[165]-[166] Como consequência dessa tipicidade social, deve-se também admitir que um modelo proposto será mais maleável às nuances e condições do caso concreto do que seria esperado nos modelos dogmáticos tradicionais.[167] Auxilia a empreitada notar que a doutrina, em que pese a riqueza de fatos jurídicos que marcam o período pré-contratual, tem apontado que se costuma identificar os

---

[165] Assim, Emílio Betti: "É claro que não pode ser, também aqui [no âmbito da autonomia privada], tutelado o mero capricho do indivíduo: dado que a intenção prática das partes, o interesse objetivamente reconhecível, por elas pretendido, deve também aqui poder enquadrar-se e tipificar-se – segundo a necessidade do tratamento normativo – em funções econômico-sociais dignas de proteção (Cap. III). Mas aqui, pelo menos no direito moderno, [...] aparece, como vimos [...], uma outra tipicidade, que também desempenha sempre a função de limitar e orientar a autonomia privada, mas que [...] é muito mais elástica na configuração dos tipos, e que atua remetendo para as valorações econômicas ou éticas da consciência social historicamente determinada: o que explica a proposta de lhe chamar de *tipicidade social*." (BETTI, Op. cit., p. 173).

[166] Naturalmente, essa não é a única estratégia jurídica adotada nesses casos. Outro exemplo do mesmo fenômeno é os negócios jurídicos indiretos, por meio do qual "as partes recorrem a um determinado negócio jurídico [típico], mas o escopo prático visado não é afinal, ao normalmente realizado através do negócio adotado, mas um escopo diverso, muitas vezes análogo àquele do outro negócio [...]" (ASCARELLI, Tullio. O negócio indireto. *In*: ASCARELLI, Tullio. *Sociedades Anônimas e Direito Comparado*. São Paulo: Quórum, 2008. p. 156).

[167] Conforme anota Mariana Fontes da Costa: "[a] emergência e disseminação globalizada do recurso, na fase negocial, a declarações de natureza ambígua, características heterogéneas e linguagem juridicamente obscura, dotadas de conteúdo com inegável relevância jurídica e aparentemente elaboradas com um total desrespeito pelo [sic] quadros jurídico-privados do contrato e do delito abalou as estruturas do direito privado tradicional e obriga a um esforço de análise e enquadramento, que parte da prática para uma teoria a ela adequada." (COSTA, Op. cit., pp. 14-15)

documentos preliminares com um dos seguintes grupos:[168] a) documentos que buscam comunicar informações a outras partes;[169] b) documentos que contém promessas e compromissos, sendo ou não obrigatórios; c) documentos que disciplinam (normatizam) as fase do processo de negociação, podendo ou não haver a alocação de riscos negociais entre as partes; d) documentos contendo os pontos já fixados entre as partes; e, ainda, e) documentos que, bem analisados, já contém o contrato definitivo ou uma proposta.[170]

Aprofundando, verifica-se que os documentos indicados no item a) constituem-se em atos jurídicos de natureza não volitiva, correspondendo, normalmente, a informações que uma das partes presta, como é esperado em tratativas. Em que pese respeitável doutrina,[171] tais declarações invocam

---

168 Em que pese essa classificação, deve-se ter em mente que não se trata de grupos estanques. No caso concreto, o conteúdo de determinada declaração negocial pode transitar por mais de um dos grupos indicados, sem falar no instrumento contratual propriamente dito, que poderá ter em seu conteúdo vários dos grupos acima mencionados.

169 Um exemplo de documento desta natureza seria o seguinte (LAKE; DRAETTA, Op. cit., p. 10):

> "re: Bohrloch-supply of workboat. Please accept this as Oelbohr AG`s intent to employ your workboat 13 in the third coming drilling operation in Block 11 under the following general terms: 1. delivery: approx. May 2/3, 198. 2. mobfree: nil. 3. charterhire: $500 per day plus fuel and lubes. 4. chartr period: commencement date and charter period to be notified as soon as possible. 5. conditions: to be mutually agreed upon. Oelbohr Ag-Abteilung Nordsee."

170 ALPA, Op. cit., p. 338

171 Ibidem.

um regime jurídico fundado na responsabilidade aquiliana e não na contratual, o que justifica um tratamento diferenciado em relação ao fenômeno ora analisado.[172]

Os documentos indicados no item d) tratam da contratação progressiva, ou seja, quando as partes gradualmente fixam o conteúdo do negócio definitivo, podendo cada etapa já fixada ser ou não dotada de eficácia obrigatória. Caso não tenham essa eficácia – o que aliás é a regra – elas se constituem naquilo que se costuma denominar de minutas, documentos que não contém os elementos necessários para configurar um contrato, dentre outras razões, pela inexistência de um consentimento quanto ao negócio jurídico.[173] O seu ponto de referência, portanto, é a transação e não as tratativas.

Os documentos apontados no item e), por sua vez, não correspondem a declarações de natureza pré-contratual, mas ao negócio jurídico que consolida a transação ou uma proposta propriamente.[174]

---

172 Sem prejuízo, naturalmente, de as partes em tratativas regularem em negócios jurídicos um regime normativo autônomo para as informações trocadas durante as negociações, conforme já exposto.

173 "[...] uma minuta não constitui um instrument de contrato, ainda que fosse de contrato preliminary. Evidentemente que na fase em questão as partes poderão ir aos poucos concordando com elementos parciais do contrato a ser constituído, vindo a elaborar partes do mesmo, exteriorizadas em minutas. Mas o contrato é um todo homageneo e o tipo a ser concluído dependerá da presença de todos os elementos essenciais, a par adqueles específicos em relação ao interesse das partes, as quais, havendo-o compratado, manifestarão a sua adesão." (VERÇOSA, Haroldo M. D., *Contratos mercantis e a Teoria Geral dos Contratos*: o Código Civil de 2002 e a crise do contrato. São Paulo: Quartier Latin, 2010, p. 237)

174 Esta qualificação imprópria explica-se como uma tentativa das partes de (tentarem) se desvincular ou desobrigar do quanto consta do instrumento. Esta técnica não é a mais adequada, por não ser técnica.

Por sua vez, os documentos indicados como b) e c) tem elementos que os afastam dos demais. Naturalmente, seria possível conferir um tratamento dogmático individualizado a cada um deles, identificando no grupo b) aquilo que se convencionou chamar de "cartas de conforto"[175] e no item c) outros negócios jurídicos menos específicos.[176] Seria também possível dissecar cada um desses grupos em sub-grupos e, por exemplo, identificar a função autônoma desempenhada pelos chamados "Acordos de Confidencialidade"[177] ou "Acordos de Exclusividade"[178]. Entretanto, nesse grande grupo, que será denominado de "Negócios Jurídicos Preliminares", identifica-se uma unidade tipológica que permite o seu tratamento autônomo.

Para melhor compreensão do fenômeno, analisar-se-á, em primeiro lugar, a sua natureza jurídica e, na sequência, os elementos desse grande tipo[179]:

Maior segurança jurídica teria a parte que faz uma proposta denominada de "carta de intenção", se fizesse o mesmo documento, mas deixasse claro que a proposta está "sujeita à confirmação". Igualmente, no caso do contrato, melhor resultado alcançariam as partes se deixassem claras as condições de eficácia do mesmo. Entretanto, aqueles com um mínimo de experiência negocial sabem que nem sempre as partes se pautam pela busca da clareza no seu relacionamento comercial/jurídico...

[175] O assunto será retomado em mais detalhes no próximo capítulo.

[176] Conforme já referido, denominações usuais são: "acordos de cavalheiros," "acordo de princípios", "acordos não vinculantes," "pré-contratos," "memorandos de entendimentos," dentre outros.

[177] Mais conhecidos pelo denominação em inglês de *Non Disclosure Agreement* ou seu acrônimo NDA, tratam-se de negócios jurídicos destinados a estabelecer o regime de confidencialidade em relação às informações trocadas durante as tratativas.

[178] Tais negócios jurídicos buscam limitar a capacidade de uma das partes – ou ambas – de iniciar tratativas com terceiros envolvendo o mesmo interesse negociável.

[179] "Os tipos contratuais distinguem-se pelas respectivas características,

Quanto à sua natureza jurídica, não parece haver dúvidas de que se trata de negócio jurídico,[180] enquanto "ato de autonomia, um auto-regulamento"[181]. Conquanto a própria definição de negócio jurídico não seja alheia a controvérsias[182], identifica-se nos Negócios Jurídicos Preliminares o núcleo essencial daquele, qual seja, a "manifestação ou declaração consciente de vontade"[183] voltada à produção de determinados efeitos jurídicos, sendo o conteúdo dessa eficácia estruturada pela liberdade dos figurantes, "aumentando-lhe ou diminuindo a intensidade, criando condições e termos, pactuando estipulações diversas que lhe conferem o sentido próprio que pretendem"[184].
Assim, é possível afastar do grupo de "Negócios Jurídicos Preliminares" aqueles fatos e exteriorizações do comportamento humano que, conquanto digam respeito às

---

configuração e sentido. [...] Os índices do tipo são aquelas qualidades ou características que têm capacidade para o individualizar, para o distinguir dos outros tipos e para o comparar, quer com os outros tipos, na formação de séries e de planos, quer com o caso, na qualificação e na concretização. São características que dão alguma contribuição útil, quer à individualização, quer à distinção, quer à comparação, ainda que esse contributo não seja, por si só, determinante." (VASCONCELOS, Op. cit., pp. 117-118)

[180] Não é incomum encontrar divergências na doutrina quanto à natureza jurídica destas declarações, isto é, se elas podem ou não ser qualificadas como negócios jurídicos (para uma análise desta questão numa perspectiva comparada, V. por todos LAKE; DRAETTA, Op. cit., pp. 7 e seg.).

[181] SILVA, Op. cit., p. 73.

[182] A evolução histórica e as críticas aos diversos conceitos de negócio jurídico estão expostas em: SILVA: Op. cit., pp. 73-80; AZEVEDO, Op. cit., 2010, pp. 1-22; e MELLO, Marcos Bernardes de. *Teoria do Fato Jurídico*: plano da existência. 20ª ed. São Paulo: Saraiva, 2014., pp. 222 e seg.

[183] MELLO, Op. cit., p. 245. Em igual sentido, AZEVEDO, Op. cit., 2010, p. 17.

[184] MELLO, Op. cit., p. 222.

tratativas, carecem de uma declaração negocial. Dentre os eventos excluídos, encontrar-se-á fatos jurídicos, isto é, fatos aos quais a lei determina consequências jurídicas, entretanto sem a manifestação da vontade enquanto elemento criador de um autorregramento, como ocorre, por exemplo, com a troca de informações, a realização de auditorias e análises, e a própria troca de minutas[185].

Discussão interessante é o problema da lateralidade ou pessoalidade, isto é, se eles são unilaterais ou bilaterais.[186] Afinal, considerando que as tratativas envolvem necessariamente mais de uma parte, ainda que, como ocorre na oferta ao público, alguma delas esteja indeterminada, parte-se da premissa de que os negócios jurídicos ora analisados sejam sempre bilaterais. Contribui para essa percepção – equivocada como se verá – a importação acrítica das discussões doutrinárias portuguesa e italiana, diante da excepcionalidade da admissão do negócio jurídico unilateral nos respectivos sistemas.[187] Nos países nos quais vigoram

---

185 O tema das minutas e outros documentos preparatórios correlatos será retomado no próximo capítulo.

186 Conforme Carlos Alberto da Mota Pinto esclarece: "Nos negócios unilaterais há uma só declaração de vontade ou várias declarações, mas paralelas, formando um só grupo. Se olharmos os autores das declarações, constataremos haver um só lado, uma só parte [...] Nos contratos ou negócios bilaterais há duas ou mais declarações de vontade, de conteúdo oposto, mas convergente, ajustando-se na sua comum pretensão de produzir resultado jurídico unitário, embora com um significado para cada parte" (PINTO, Carlos Alberto da Mota. *Teoria Geral do Direito Civil*, 4ª ed. Coimbra: Coimbra, 2005. p. 385).

187 Esta limitação decorre de dispositivos semelhantes existentes nos respectivos códigos civis. No caso do *Codice Civile*, o artigo 1987 dispõe que "La promessa unilaterale di una prestazione non produce effetti obbligatori fuori dei casi ammessi dalla legge." De maneira semelhante, o Código Civil Português estabelece, no Artigo 457, que "A promessa

tais restrições, busca-se justificar a juridicidade do instituto por meio da bilateralização dele.[188]

Como o direito brasileiro não padece das mesmas limitações, a bilateralização artificial não se mostra necessária nem conceitualmente correta. Mesmo porque, conforme esclarece Marcos Bernardes de Mello, com arrimo em Oertmann, "o fato de ser dirigido a alguém não bilateraliza [o negócio jurídico], como poderia parecer, pois que o destinatário tem um papel passivo."[189]

É mesmo bastante comum na prática negocial que referidas manifestações venham a ser uma manifestação unilateral de uma das partes à outra, normalmente corporificadas em

---

unilateral de uma prestação só obriga nos casos previstos na lei." Igual limitação não existe no direito brasileiro.

[188] V. NORONHA, Fernando. *Direito das Obrigações*: fundamentos do Direito das Obrigações. Introdução à Responsabilidade Civil. v. 1. São Paulo: Saraiva, 2003. pp. 79 e ss.

[189] MELLO, Op. cit., p. 258. E complementa que, mesmo nos negócios jurídicos receptícios, a recepticiedade constitui-se em um pressuposto de eficácia e não de existência do negócio jurídico unilateral (*Ibidem*). No mesmo sentido, Enzo Roppo: "Ora, as operações que assumem a forma do contrato são justamente aquelas em que todos os interessados (além de adquirirem vantagens) se expõe a sacrifícios ou pelo menos a riscos económicos: para se tornar vinculante e produzir efeitos jurídicos, o regulamento respectivo necessita, por isso, ser aceite por todos os interessados, cada um dos quais deve manifestar uma vontade concordante. As operações de se formalizam por acto unilateral comportam, ao invés, sacrifícios para um só dos interessados, e compreendem então que se considere suficiente a sua vontade de chamar a si tais sacrifícios; o 'contrainteressado' não perde nada, não deve nada, não arrisca nada, só aufere vantagens, e por isso a operação pode aperfeiçoar-se juridicamente sem que intervenha uma manifestação de vontade. Ou melhor, a vontade do 'contrainteressado' tem um papel somente negativo, no sentido em que este pode sempre preferir renunciar ao benefício que lhe é conferido pelo acto unilateral de outrem, rejeitando assim os seus efeitos [...]." (ROPPO, Op. cit., p. 75).

missivas, por meio da qual uma das partes manifesta à outra suas intenções em relação à realização de determinada operação, ou um de seus aspectos[190]. Um exemplo seria uma missiva cujo conteúdo se limite a uma promessa de fato de terceiro, como se verifica no seguinte exemplo:

> **Exemplo 2:**
>
> Prezado,
>
> Como é do conhecimento de V.Sa, o subscritor detém, nesta data, a maioria do capital social votante da empresa ABC S.A. ("Companhia"). Nesse sentido, serve a presente para informar que, caso as partes cheguem a um acordo sobre a alienação do Imóvel, a Companhia terá todas as autorizações societários necessárias para a execução do contrato.
>
> Atenciosamente,

Entretanto, igualmente usual e aceitável é que os Negócios Jurídicos Preliminares sejam produzida por duas ou mais partes,[191] inclusive com a produção de contratos buscando atingir a mesma finalidade.

Nesse sentido, o fenômeno ora analisado não tem na unilateralidade ou bilateralidade uma de suas características necessárias[192], sendo possível que as declarações negociais

[190] Conforme Marcus Lutter anota, entretanto, é comum que o emissor da missiva solicite que seu(s) destinatário(s) devolvam uma das vias ao emissor com a sua ciência e/ou anuência (LUTTER, Op. cit., p. 10).

[191] SIBOURG, Peter. *Der Letter of Intent*. Tese. Doutorado em Direito – Rechts- und Staatswissenschaftliche Fakultät, Rheinischen Friedrich-Wilhelms-Universität zu Bonn, Bonn-Bad Godesberg, 1979., p. 7.

[192] No mesmo sentido, V. COSTA, Op. cit., p. 82.

conformadoras da pré-contratualidade se manifestem de ambas as maneiras[193].

Os traços ou índices do tipo que tornam esse modelo peculiar estão vinculados às seguintes características: o contexto em que se inserem e a função econômico-material que exercem. Inicialmente, o primeiro elemento que sobressai é o contexto no qual se inserem, qual seja, o das tratativas. Não se trata, conforme já repisado, daquele momento estático que antecede determinado contrato e que tem o seu término necessário com a celebração de determinado negócio jurídico. Trata-se da tratativa conforme delineada no item 2, acima, que pode coexistir com diversos negócios jurídicos parcelares ou mesmo ressurgir no meio de determinado programa contratual.

Entretanto, mesmo na fase das tratativas, é possível encontrar um número relevante de negócios jurídicos, como, por exemplo, os negócios jurídicos preliminares. Nesse sentido, faz-se necessária ainda a identificação de um segundo índice do tipo dos Negócios Jurídicos Preliminares que remete ao seu próprio objeto[194], assim entendido como a

---

[193] Comentando o fenômeno das "Cartas", sejam elas de conforto ou de intenção, assim também concluíram Lake e Draetta: "The word 'letter' would certainly seem to suggest such a limitation [being unilateral], but users of letters of intent have not allowed themselves to be constrained. They style as letters of intent written instruments that vary from simple declarations to elaborate, lengthy documents that are signed by all parties and resemble contracts." (LAKE; DRAETTA, Op. cit., p. 6)

[194] A análise do "objeto" enquanto índice do tipo demanda um esforço de esclarecimento conceitual inicial. Isto na medida em que a própria legislação brasileira trata como "objeto" de um contrato uma gama variadíssima de elementos. Apenas no âmbito do Código Civil, numa análise panorâmica verifica-se que o objeto pode referir-se, genericamente a uma qualquer prestação (p. ex. Artigos 106, 252 e 838), a uma coisa específica (p. ex. Artigos 459 e 482), a uma obrigação de fazer

função econômico-material[195] que eles exercem, assim entendido não somente o conteúdo proposicional desses, mas também a finalidade "metajurídica, fundamental e global"[196] que esse grupo de negócios jurídicos busca alcançar[197].

(p. ex. Artigo 258 e 658), e até mesmo à própria causa (final) do negócio jurídico (p. ex. Artigo 165, § únic., 693 e 765). Seguindo o modelo teórico proposto por Maria Del Carmen Gete-Alonso y Calera, podemos entender o objeto como sendo a representação comum das partes sobre um setor da realidade que serve de base para a operação objeto do consentimento ou, de maneira mais simples, aquilo sobre o que se está de acordo (GETE-ALONSO Y CALERA, Op. cit., p. 274).

195 "Como índice do tipo, não é, no fundo, verdadeiramente da causa que aqui se trata, mas antes da função do contrato e da virtualidade qualificadora da comparação entre a função própria do contrato e as funções títicas dos tipos contratuais candidatos à qualificaçã. Esta função costuma ser referida como função económica ou mesmo como função económica-social." (VASCONCELOS, Op. cit., p. 130) Distinção relevante apresentada por Pedro Pais de Vasconcelos é a distinção entre fim e função, como elemento de qualificação. Segundo o autor: "O fim distingue-se da função porque é iminentemente subjetivo, enquanto que a função é objetiva. O fim situa-se no sujeoto, no autor do contrato; a função situa-se no próprio contrato. As partes, ao contratarem, actuam com um fim; o contrato que celebram desempenha uma função, isto é, é funcionalmente hábil ou apto apara uma utilidade." (Idem, p. 132)

196 "[...] a função económico-social indica a finalidade metajurídica, fundamental e global, perseguida pelo negócio jurídico. É este o sentido instrumental, que a distingue da função eficiente. Esta é um meio estritamente jurídico de modalizar objectivos que se não circunscrevem ao domínio jurídico, porque se situam na ampla área das relações sociais." (ALMEIDA, Carlos Ferreira de. *Texto e enunciado na teoria do negócio jurídico*. v. I. Coimbra: Almedina, 1992, p.499)

197 Um autor relevante que não reconhece à finalidade uma função de elemento do tipo é Marcus Lutter. Para ele, na medida em que os Negócios Jurídicos Preliminares prestar-se-iam a instrumentalizar as mais diversas situações jurídicas, não seria possível encontrar uma finalidade unitária e portanto apta a delimitar um tipo contratual

Nesse sentido, os Negócios Jurídicos de Tratativa têm correlação íntima com a ideia de endereçar e (re)distribuir os riscos existentes durante a fase de tratativas, assim entendidos como as consequências decorrentes de determinados eventos de realização incerta que podem decorrer do processo de tratativas.[198]

Para desempenhar tal função, como se verá nos próximos itens, esses negócios jurídico poderão se manifestar de diversas maneiras, como, por exemplo, criando obrigações e deveres para uma das partes, inclusive com a função de garantia; afastando determinadas obrigações e deveres; criando ou encerrando legítimas expectativas de uma das partes; modificando ou antecipando a incidência de determinados deveres heterônomos; ou, na sua mais fraca, criando um arcabouço de normatividade autônoma que permitirá a interpretação e até a integração das declarações negociais subsequentes, ou simplesmente esclarecendo alguma situação jurídica de natureza complexa.

Dessa forma, é possível diferenciar esse negócio jurídico de outros realizados durante o processo de tratativas, notadamente os contratos preliminares. Em sua configuração típica, o objeto dos contratos preliminares

---

(LUTTER, Op. cit., pp. 10-11). Parece-nos, entretanto, que Marcus Lutter cometeu dois graves equívocos em sua análise: em primeiro lugar, conferiu aos Negócios Jurídicos Preliminares uma abrangência mais ampla do que seria justificável, englobando nestes negócios jurídicos os denominados "acordos progressivos", e, em segundo lugar, não foi capaz de abstrair o negócio jurídico típico dos diversos contextos em que eles são utilizados.

198 O conceito de risco é explorado por Fábio Konder Comparato quem esclarece que se trata "antes de tudo de uma possibilidade, ou seja, ele deve referir-se a um evento de realização incerta" independente se de realização futura ou já decorrido, mas desconhecido, com consequências desvantajosas (COMPARATO: 1968, p. 40).

consiste na promessa – mais ou menos forte[199] - de celebração de outro negócio jurídico. Sua função econômico-material consiste, portanto, justamente na regulação do negócio jurídico subsequente e não dos riscos da fase de tratativas propriamente.

Identificados esses elementos, ainda que não se deva confundir qualificação com definição, pode-se bosquejar uma compreensão dos Negócios Jurídicos Preliminares como aqueles negócios jurídicos, unilaterais ou bilaterais, celebrados durante os momentos de tratativas, com a função de redistribuir entre as partes envolvidas os riscos associados ao processo de formação do programa contratual. Feita essa aproximação, passa-se à análise das possíveis eficácias destes negócios jurídicos.

---

[199] AZEVEDO, Antonio Junqueira de. *Novos estudos e pareceres de direito privado*. São Paulo: Saraiva, 2009, pp. 252 e ss.

CAPÍTULO QUINTO

VINCULAÇÃO E OS NEGÓCIOS JURÍDICOS PRELIMINARES SEM EFEITOS OBRIGACIONAIS

Uma vez qualificados os Negócios Jurídicos Preliminares, ganha relevo a confusão criada em determinados contextos negociais, nos quais se tenta atribuir um regime jurídico de não vinculação em relação à declaração negocial manifestada durante o processo de tratativas. É relativamente comum que se redijam documentos e se emitam declarações com a curiosa advertência de que eles não sejam vinculantes para os próprios emitentes dessa declara. Uma versão da provisão – tão usual que já ganhou o *status* de *boilerplate*[200] de documentos preparatórios em alguns contextos – é a seguinte:

---

200 "Traditionally, lawyers use the term 'boilerplate' to refer to any standardized, 'one size fits all' provision. [...] These provisions supply a road map, telling the parties how to govern their relationship and administer the contract. The provisions are said to serve housekeeping functions, arguably, matters of secondary importance. The placement of these provisions towards the end of the contract, under a caption 'Miscellaneous' or 'Administrative Provisions,' furthers the impression that these provisions are but an afterthought. Consequently, they are usually ignored by lawyers and lampooned by legal commentators and critics." (STARK, Tina L. *Negotiating and drafting boilerplate*. New York: ALM Publishing, 2003, p.5).

Exemplo 3:

Nada no presente acordo deve ser interpretado como compromisso, obrigação ou vinculando as partes.[201]

Referida declaração-padrão não surgiu do nada. Como é comum na prática contratual, verifica-se a importação de uma fórmula da experiência comercial anglo-saxônica, qual seja, a cláusula *subject to contract* ou, numa tradução livre, "condicionado à ratificação por contrato formal".[202-203] Por meio dela, as partes buscam se desvincular de um documento preliminar, convencionando que ele não se confunde nem deve ser interpretado como a intenção de

---

201 Em uma variação deste modelo de cláusula, as partes estabeleceriam quais as disposições do documento que "vinculariam" os signatários e quais as que não teriam esse "efeito." Assim, e.g. as partes convencionariam que os efeitos das cláusulas sobre a confidencialidade das informações trocadas seriam "vinculantes", mas o restante do documento não.

202 "The phrase 'subject to contract' is intended in English law to deprive the text in which it appears of all legal force. [...] The expression is sacred (one sometimes finds the fuller expression 'subject to contract and survey', but the same effect can be achieved by a choice of words expressly setting out the intention not to assume any legal obligation to put oneself outside the law." (FONTAINE, Marcel; LY, Filip. *Drafting International Contracts*: an analysis of contract clauses. Leiden: Martinus Nijhoff Publishers, 2006, pp. 20-21).

203 Mesmo na prática comercial anglo-saxônica, não é alheio a controvérsias o emprego da cláusula *subject to contract*. Afinal, "[m]ore often policy will work against the party relying on such a clause, particularly when the document is a standard from contract drafted by one party. That this is so is reflected in the requirements that the clause be conspicuous [...]." (FURMSTON, Michael; NORISADA, Takao; POOLE, Jill. Contract Formation and Letters of Intent: a comparative assessment. Chichester: John Wiley & Sons, 1998., p. 300). Em sentido contrário, V. (FONTAINE; DE LY, Op. cit., p. 21).

formalizar um contrato. Consequentemente, seria intenção das partes que as disposições constantes do documento preparatório não sejam exigíveis (*enforceable*). Há aqui algumas considerações a serem feitas:

Nas relações comerciais sujeitas ao sistema da *Common Law*, há a presunção *iuris tantum*[204] de que as partes, ao celebrarem um acordo e contanto que ele preencha os requisitos legais,[205] teriam a intenção de produzir efeitos jurídicos. Por exemplo, em uma negociação para a compra de determinado bem, pela celebração de acordo que especificasse o imóvel e o preço, presumir-se-ia a intenção das partes de promover a compra e venda. Para negar a presunção – e.g. indicando que as partes ainda podem se arrepender ou que a contratação se condiciona à definição de aspectos que sejam relevantes para ao menos uma das partes – deve-se tornar inequívoco que não há ainda a intenção de formar um acordo que produza efeitos.

Embora nesse exemplo simples, envolvendo um único documento preparatório, afastar essa presunção pareça trivial, deve-se levar em conta que o mesmo tratamento normativo é aplicável em negociações mais prolongadas, nas quais, até a formalização do contrato principal, desenvolve-se uma complexa rede de documentos preliminares, declarações e compromissos. No emaranhado que vai sendo cosido, corre-se o risco de se considerar, em uma análise retrospectiva, que foram assumidos compromissos dotados de "exigibilidade" (*enforceability*).

---

[204] "In commercial or business agreements the intention to create legal relations is presumed and must be clearly rebutted by the party seeking to deny it." (FURMSTON; NORISADA; POOLE: 1998, p. 165).

[205] Afinal, "[f]or an agreement to be legally enforceable it must be supported by valuable consideration and there must be an intention to contract." (FURMSTON; TOLHURST, Op. cit., p. 275)

Portanto, para mitigar esse risco de um documento preparatório ser interpretado como contrato final ou contendo algum conteúdo que já seja obrigatório (*enforceable*), tornou-se usual que as partes, em todos os documentos firmados neste momento da relação jurídica, neguem expressamente a referida presunção. Isso é feito preferencialmente[206] por meio da declaração de que não se deve atribuir efeito de contrato definitivo ao documento preliminar.[207] Ou, de maneira mais geral, que a eficácia do acordo entre as partes ainda está condicionada à celebração de um contrato formal superveniente.[208]

Ocorre que, como é usual na prática contratual, declarações que se apresentam amiúde acabam entrando em modelos e viram *boilerplates* de quaisquer acordos celebrados ou declarações emitidas, mesmo que outra seja a intenção das partes e se verifique, no caso concreto, uma contradição entre a referida declaração e o resto do documento ou com o comportamento de seus signatários. [209]

A frase que consta no Exemplo 3 nada mais é que uma tropicalização dessa prática contratual. Embora faça sentido

---

[206] "It is not necessary that the parties should consciously advert to legal relations in order to make an enforceable contract, but it is important whether they express an intention to exclude legal relations." (CORBIN, Arthur L *et al. Corbin on Contracts*: a comprehensive treatise on the rules of contract law. v. I. St. Paul: West Pub, p. 189).

[207] FURMSTON; TOLHURST, Op. cit., p. 292.

[208] "If the intention to exclude legal relations is not clearly expressed, the courts are likely to interpret any ambiguous drafting as not operating to have this effect. This simply reflects that the onus of rebutting the presumption is a heavy one." (FURMSTON; TOLHURST, Op. cit., p. 296).

[209] Conforme alerta Tina Stark "[p]roblems arise, however, when the provisions become iconic and drafters no longer think through whether the standard, off-the-rack provision actually fits the needs of the contract and the parties." (STARK, Op. cit., p. 6).

a sua inclusão em determinados documentos preliminares, deve-se concluir que assim não é o caso dos Negócios Jurídicos Preliminares. Afinal, por definição, se é um negócio jurídico ele é vinculante. Sendo a declaração negocial elemento essencial dessa espécie de ato jurídico, ela se traduz na existência de um "comportamento que, exteriormente observado, cria a aparência de exteriorização de um certo conteúdo de vontade negocial, caracterizando, depois, a vontade negocial como a intenção de realizar certos efeitos práticos com ânimo de que sejam juridicamente tutelados e *vinculantes*."[210] Em outras palavras, da declaração negocial decorre um conjunto de vinculações que até mesmo ultrapassa aquelas expressamente assumidas, englobando outras "que decorram (implicitamente, diz-se) da boa fé, da natureza ou finalidade do contrato, do contexto negocial ou de outros fatores equivalentes."[211]

Entretanto, aqui é um ponto em que não se deve cometer exageros. Em primeiro lugar, não é consequência necessária da celebração de um negócio jurídico durante a fase pré-contratual a responsabilidade das partes pela não celebração do contrato final. Para aclarar o ponto, é útil a distinção entre a vinculação à celebração do contrato principal com a vinculação decorrente da declaração negocial pré-contratual.

---

210 PINTO, Op. cit., 2005, p. 415. g.n.

211 MONTEIRO, António Pinto. *Erro e vinculação Negocial*. Coimbra: Almedina, 2002, p. 40. Cumpre pontuar que o contexto negocial também interfere e afeta a interpretação da cláusula *subject to contract* na *Common Law* e o seu limite. "As noted, very often in these cases the courts will use the language of intention and may conclude the parties did not intend to contract and this may be so. But whether the parties can be said to have voluntarily assumed legal obligations at any point in time, such as at a particular stage of negotiations or on any particular terms or upon execution of a document, is arguably a different question." (FURMSTON; TOLHURST, Op. cit., p. 280-281).

Em relação à primeira, trata-se da renúncia, por ao menos uma das partes, à "liberdade de ponderar a oportunidade do negócio segundo os seus interesses subjetivos."[212] Quanto à segunda, ocorre a sujeição do declarante aos efeitos produzidos pela declaração negocial pré-contratual, não necessariamente no campo obrigacional nem relacionado diretamente ao negócio jurídico principal. A vinculação da qual aqui se trata ocorre nos termos e limites definidos pela declaração negocial e pelos imperativos heterônomos aplicáveis.

Essa compreensão é importante e possui implicações práticas, na medida em que se reconhece, por exemplo, que os Negócios Jurídicos Preliminares sem efeitos obrigacionais podem dar azo ao surgimento de obrigações de honra ou morais[213]. Na qualidade de obrigações naturais[214], embora carentes de pretensão e, consequentemente, de ação, isso não implica que elas careçam de implicações jurídicas, uma vez que, conforme previsto no Artigo 882, do Código Civil, não se pode exigir a repetição do pagamento dessa dívida.

Outro aspecto importante de ressalvar é que nem todo documento produzido pelas partes durante as tratativas caracteriza um Negócio Jurídico Preliminar e, consequentemente, seja vinculante. O exemplo mais corriqueiro desse fenômeno são as minutas trocadas ao longo de um processo de negociação e que representam, com maior ou menor precisão, esboços do projeto de declaração negocial que ainda não chegou a ser formada nem, muito menos, exteriorizada[215].

---

212 BAPTISTA MACHADO, Op. cit., p. 466.

213 FURMSTON; NORISADA; POOLE, Op. cit., p. 176.

214 V. COUTO E SILVA, Op. cit., 2006, pp. 86 e ss.

215 "Os atos preparatórios tendentes direta e imediatamente à constituição

Nas minutas produzidas em estágios mais avançados da negociação, é possível que sequer exista diferenças materiais relevantes em relação ao subsequente contrato definitivo. Mesmo nesses casos, não há declaração negocial e sim o esforço de bosquejar, de maneira mais ou menos minudente, a futura e eventual declaração. Ainda que, em contextos muito específicos, se possa extrair consequências jurídicas da troca de minutas, notadamente no campo da hermenêutica do eventual negócio jurídico subsequente[216] ou para comprovar a existência de um processo de tratativas, fato é que não existe vinculação entre o conteúdo obrigacional do documento e as partes envolvidas no processo de tratativas. Merecem ainda destaque nesse tema dois exemplos interessantes de documentos preparatórios que não se caracterizam como negócio jurídico e que, portanto, não contém declarações negociais: as *non binding offer* e os *term sheets*[217]. Diferindo de um e outro pela lateralidade – o

---

do vínculo contratual apetecido começam pelas negociações preliminares ou tratativas, freqüetemente reduzidas a escrito em um instrumento particular chamado minuta, que pode, ou não, ser assinado pelos negociadores. A minuta não passa de simples projeto de contrato, sem eficácia vinculante, como é sabido." (GOMES, Orlando. Acordo preparatório e contrato preliminar. In: GOMES, Orlando. Novas questões de direito civil. São Paulo: Saraiva, 1979, p. 2).

216 Assim, por exemplo, Guilherme Faoro esclarece: "tais documentos, a despeito do caráter não negocial típico que os caracteriza, servem como um elemento interpretativo circunstancial tão 'marcante' da relação jurídica, que apto a configurar uma vontade (ainda que tácita) contratual da parte que o declarou." (FAORO, Guilherme de Mello Franco. A pós-eficácia hermenêutica dos documentos pré-contratuais não vinculantes. Dirrertação (Mestrado em Direito) – Faculdade de Direito, Universidade do Estado do Rio de Janeiro, p. 154. 2019, p. 132).

217 As *non binding offers* são usualmente traduzidas como "ofertas não vinculantes". Em relação aos *term sheets*, literalmente "folha de termos", desconhece-se a adoção corrente de uma tradução para o português.

primeiro unilateral e o último bilateral – por meio deles as partes buscam traçar de maneira genérica o escopo daquilo que ainda será objeto de um aprofundamento das tratativas, por exemplo: preço, escopo, alocação de risco, ou quaisquer aspectos que se reputem relevantes para a relação jurídica[218]. Ao menos enquanto modelos, eles não se confundem com as minutas do contrato, uma vez que as partes não buscam definir o conteúdo formal (cláusulas) programa contratual em gestação. Usuais em transações mais complexas, por meio deles, busca-se alinhar alguns elementos do programa contratual – usualmente mas não necessariamente com um grau elevado de generalidade e abstração – tidos como relevantes a serem objeto de tratativas,[219] propondo determinados parâmetros para a condução das negociações e promovendo um alinhamento inicial de expectativas das partes em relação ao interesse jurídico negociado[220].

Da mesma forma, eles não se confundem com um negócio jurídico, ainda que subscrito por ambas as partes, na medida

---

218 "The term sheet is usually two to four pages outlining the broad conditions of the sale, though short, it should be relatively thorough. It should specify price, whether the consideration is in cash or stock, the major diligence issues, the timeframe." (RICKERTSEN, Rick. Buyout: the insider's guide to buying your own company. New York: Amacon, 2001, p. 108).

219 Sem prejuízo, evidentemente, de serem produzidas minutas desses documentos. Especialmente no caso dos *term sheets*, é esperado que os mesmos sejam objeto de um processo de negociação, ao longo do qual serão trocadas minutas de *term sheets* até que as partes estejam de acordo com o seu conteúdo.

220 "Also, the term sheet facilitates getting a number of potentially sensitive issues out on the table before a good deal of time and effort has been expended by the parties." (GUTTERMAN, Allan. *The Legal Considerations in Business Financing*: a guide for Corporate Management. Westport: Quorum Books, 1994, p. 128)

em que, no contexto da prática comercial,[221] compreende-se que tais documentos preparatórios constituem ainda um momento prévio à declaração negocial propriamente dita. Portanto, tais documentos contemplariam um conjunto de informações que não correspondem a uma declaração negocial, servindo apenas de parâmetro para orientar e afunilar a definição do interesse jurídico que será delimitado no processo de tratativas.[222]

Mais uma vez, é possível extrair consequências jurídicas desses documentos, em contextos bastante específicos.[223] Entretanto, em respeito à autonomia privada das partes e ao próprio contexto negocial em que elas se inserem, não é correto qualificá-los como um negócio jurídico, tendo em vista a inequívoca ausência de declaração negocial.

Algo diverso ocorre com os negócios jurídicos ora em análise. Sendo eles compostos de declarações negociais de ao menos uma parte a outra, não se pode conceber que eles não

---

221 Mesmo porque, conforme adverta Paula Forgioni: "[o]s usos e costumes são a prática dos comerciantes que, na busca de soluções para os problemas quotidianos, encontram e consolidam determinada forma de resolvê-los. Esses esquemas – que normalmente atuam em prol do tráfico – espraiam-se ao serem imitados por outros agentes. Daí a *força uniformizadora dos usos e costumes,* que tendem a planificar o comportamento das empresas." (FORGIONI, Op. cit., 2009, p. 116)

222 Deve-se destacar que não é incomum que estes documentos pré-contratuais sejam redigidos de maneira interpolada com o os negócios jurídicos ora tratados. Por exemplo, não causaria estranheza que uma *non bidding offer* contemple uma regulação autônoma do regime de confidencialidade aplicável.

223 "Dès lors que les documents précontractuels sont utilisés dans le but de réformer le contenu du contrat, que se soit à l'occasion d'une interprétation justifiée ou d'une interprétation simulée, celles-ci se heurtent en principe à des dispositions fondamentales du régime général du contrat." (FERRARIS, Op. cit., 115).

vinculem o emitente da declaração, sob pena de descaracterizar o ato jurídico realizado.[224]

Analisando o fenômeno com mais atenção, além da já referida "contaminação" dos modelos de documentos preparatórios pelo *boilerplate* da cláusula *subject to contract*, tudo leva a crer que há um recorrente equívoco acerca dos diferentes níveis de eficácia que podem surgir da declaração negocial.[225]

Para compreender o ponto, deve-se partir do entendimento de que a eficácia jurídica compreende a irradiação dos efeitos a partir de um fato jurídico,[226] sendo que esses podem ser de

---

[224] "O importante na caracterização do negócio é salientar que, se, em primeiro lugar, ele é um ato cercado de circunstâncias que fazem com que socialmente ele seja visto como destinado a produzir efeitos jurídicos, em segundo lugar, a correspondência, entre os efeitos atribuídos pelo direito (efeitos jurídicos) e os efeitos manifestados como queridos (efeitos manifestados), existe, porque a regra jurídica de atribuição procura seguir a visão social e liga efeitos ao negócio em virtude da existência de manifestação de vontade sobre eles" (AZEVEDO, Op. cit., 2010, p. 19).

[225] Mesmo porque, conforme já esclarecido por Clóvis do Couto e Silva: "[o]outro aspecto que merece exame é a afirmação, própria da teoria do direito como imperativo, de que os efeitos jurídicos seriam sempre ordens e proibições. Em realidade, o que sucede no mundo do direito nem sempre é um imperativo, nem sempre dá margem à constituição de direitos e deveres. O que se manfiesta no mundo jurídico em decorrência da concreção pode ser de outra natureza, tal como ocorre nas modificações do *status* de uma pessoa, perda de poderes jurídicos (revocação de uma procuração) etc." (COUTO E SILVA, Op. cit. 2006, p. 67).

[226] Conforme Pontes de Miranda, efeito jurídico "é o que se produz no mundo do direito como decorrência dos fatos jurídicos [...]. Aliás, é sempre de atender-se a que não é ao suporte fáctico (Tatbestand) que corresponde a eficácia. Os elementos do suporte fáctico são pressupostos do fato jurídico; o fato jurídico é o que entre, do suporte fáctico, no mundo jurídico, mediante a incidência da regra jurídica sobre o suporte.

diversas naturezas, tais como "surgimento, alteração (modificação), ou extinção de relações jurídicas; direitos subjetivos e deveres jurídicos; pretensões, obrigações, ações, 'ações' (no sentido processual), exceções de direito material e de direito processual; qualidades jurídicas das pessoas e das coisa; nascimento, modificação, extinção e encobrimento de direitos, pretensões, ações e exceções."[227]

Nesse sentido, o que alguns chamam de "não vinculante" seria a ausência de efeitos positivos no campo obrigacional ou, em outras palavras, o interesse em não fortalecer a relação obrigacional pré-existente[228] com a celebração do negócio jurídico, em especial obrigações que digam respeito à celebração – ou não – do negócio jurídico principal. Essa situação pode ser compreendida com o seguinte exemplo:

> **Exemplo 4:**
>
> As Partes reconhecem que há um interesse mútuo em iniciar negociações para a compra do Produto, conforme as especificações que serão objeto de negociação entre elas.
>
> As Partes reconhecem que nenhuma delas estará obrigada à celebração do contrato de compra e venda do Produto, salvo na hipótese em que todas as condições negociais estejam definidas em documento escrito e definitivo ("Contrato Definitivo").
>
> As Partes reconhecem que a não celebração do Contrato Definitivo, em decorrência da frustração

---

Só de fatos jurídicos provém eficácia jurídica." (PONTES DE MIRANDA, Francisco Cavalcanti. Tratado de direito privado: parte geral. t. I, 4ª ed. São Paulo: RT, 1983., p. 4.)

[227] Idem, p. 18.

[228] Sobre o tema, remetemos à primeira parte do trabalho.

do processo de negociação, não enseja para quaisquer delas o direito a qualquer indenização.

Verifica-se, no Exemplo 4, um documento que explicitamente não cria nenhum dever no âmbito da relação jurídica pré-existente. Por meio dele, nenhum dos declarantes assumiu a obrigação de celebrar um negócio futuro nem a responsabilidade por quaisquer prejuízos decorrentes da não celebração do que denominaram de Contrato Definitivo. Seu único propósito, bem analisado, é identificar o contexto da relação jurídica existente e as expectativas das partes envolvidas.

Entretanto, o campo da eficácia do negócio jurídico é muito mais rico e complexo do que apenas a criação de obrigações "positivas," conforme já referido. No Exemplo 4, dentro dessa lógica de distribuição de riscos, é possível identificar uma renúncia recíproca a eventual pretensão decorrente da responsabilidade pré-contratual pela ruptura imotivada das tratativas. Com ela, mitiga-se o risco decorrente da desistência do negócio jurídico dito principal antes da sua celebração.

Seria irrazoável compreender que uma renúncia de direito eventual seja carente de eficácia jurídica e até mesmo não vinculante. Entender de maneira diversa levaria à conclusão absurda de que as partes celebrariam declarações negociais inúteis ou mesmo redundantes com o regime jurídico que já seria aplicável. Mais ainda, os sujeitos possuiriam a liberdade de atuar em contradição aos termos convencionados, tendo a discricionariedade subjetiva de se comportar de maneira diversa do que foi pactuado. Por exemplo, desconsiderando o ato de renúncia em decorrência da não celebração do contrato principal[229].

Mais ainda, a produção de efeitos obrigacionais não é consequência necessária da celebração de um negócio jurídico. Muito pelo contrário, a realização de declarações negociais carentes de eficácia obrigacional não chega a despertar qualquer desconforto no campo dogmático. Afinal, esse fenômeno é observado nos corriqueiros negócios jurídicos sujeitos a condições suspensivas, cuja produção de efeitos está subordinada à ocorrência de eventos futuros e incertos, conforme prescrito nos Artigos 121 e 125, do Código Civil[230]. Não se verificando esse evento, o negócio jurídico, completo em seu conteúdo declarado, não chegará a produzir os efeitos ali convencionados[231].

Um desdobramento dessas condições suspensivas no âmbito das tratativas são as chamadas condições precedentes (*conditions precedent*), assim entendidas como a cláusula que

---

[229] Cf., por exemplo, com a Cláusula Quarta, do Exemplo 1.

[230] "O que caracteriza a condição suspensiva é a protelação, que ela provoca, do efeito do negócio jurídico. Por essa razão, o verbo encontra-se sempre no futuro (darei algo se...). O efeito do negócio jurídico não se produz imediatamente. Quando houver o implemento da condição é que o destinatário do benefício adquirirá o direito a ele correspondente." (AZEVEDO, Álvaro Villaça. Código Civil Comentado: negócio jurídico, atos jurídicos lícitos, atos ilícitos: artigos 104 a 188, volume II. São Paulo: Atlas, 2003. p. 131)

[231] Outro exemplo desse fenômeno da limitação dos efeitos são as declarações receptícias de vontade, como é o caso da proposta feita a pessoa ausente, que se torna plenamente eficaz apenas a partir do momento em que chega ao conhecimento do destinatário. Conforme observa Pontes de Miranda, aludindo ao Artigo 1.081, IV do Código Civil revogado (reproduzido no Artigo 428, IV, do Código Civil),"[q]uando se diz que a manifestação receptícia de vontade é eficaz com a chegada, não se afirma que ela não tenha qualquer efeito, antes disso. O efeito, a que se alude, é o de irrevogabilidade." (PONTES DE MIRANDA, Op. cit., 1983, t. II, p. 411).

sujeita a eficácia de uma determinada provisão ao cumprimento de uma obrigação ou ônus por outra parte.[232] Em uma redação bastante simples, essa cláusula seria a seguinte:

> **Exemplo 5:**
> Cláusula: A eficácia do presente Contrato está condicionada à anuência prévia da agência reguladora no prazo improrrogável de 180 (cento e oitenta dias), devendo as Partes envidar seus melhores esforços para que a mesma ocorra dentro desse prazo.

Na prática comercial, a condição precedente pode não ter contornos tão simples, sendo comum que ela venha acompanhada, e.g., de cláusulas penais[233]. Nessa hipótese, tem-se mais um exemplo de uma possível eficácia de um negócio jurídico celebrado no contexto de tratativas.

Ainda em relação à possibilidade de sobrestar efeitos obrigacionais durante as tratativas, situação semelhante ocorre com as já mencionadas cláusulas de *subject to contract*, que implica em condicionar os efeitos jurídicos do documento celebrado à posterior ratificação por nova declaração de vontade. Se elas não afastam a vinculação dos declarantes ao conteúdo declarado, elas se prestam a suspender a produção de efeitos até que haja a ratificação

---

232 BECK, Anthony. The doctrine of substantial performance: conditions and conditions precedent. The modern law review, v. 38, n. 4 (Jul., 1975), p. 413.

233 "The particular relation most commonly in mind when this term is used is either the instant and unconditional duty of performance by a promisor or the secondary duty to pay damages for a breach of such duty of performance." (CORBIN, Op. cit., p. 757)

por meio de nova declaração negocial que ratifique, complemente ou altere o negócio jurídico anterior.[234]

Em resumo, a celebração dos Negócios Jurídicos de Tratativas, enquanto declarações negociais vinculantes, produzem o fenômeno descrito por João Baptista Machado de "transitar [o declarante] do plano da subjectividade para o plano da intersubjectividade – e hoc sensu, para o plano da objectividade normativa." O que não ocorre, necessariamente, é a produção de efeitos no campo obrigacional. Tais efeitos, que passarão a ser analisados no próximo capítulo, dependerão do conteúdo normativo autônomo gerado pela atuação intersubjetiva das partes e pelos imperativos heterônomos aplicáveis.

234 FURMSTON; TOLHURST, Op. cit., p. 199.

CAPÍTULO SEXTO
AS EFICÁCIAS DOS NEGÓCIOS JURÍDICOS PRELIMINARES

A eficácia dos negócios jurídicos tipificados em lei não costuma despertar espécie ao menos em linhas gerais. Afinal, ela decorre do quadro normativo delineado em lei e aplicado (ainda que submetido a modificações convencionadas) ao negócio jurídico celebrado entre as partes. Sob outra perspectiva, se o negócio jurídico preencher o suporte fático de incidência da norma, os efeitos legalmente previstos irradiam na relação jurídica[235], com as modificações permitidas e realizadas pelos envolvidos no processo negocial.

Algo diverso ocorre com os Negócios Jurídicos Preliminares, que se alimentam justamente da liberdade contratual para criar um regime jurídico próprio e específico (no anglicanismo, *tailor made*), dentro dos limites autorizados pelo Artigo 425, do Código Civil. Nesse sentido, essa rica

---

235 Conforme estudo clássico de Giorgio De Nova, "Per rendere conto della rilevanza della scelta del tipo, basta ricordare che l'aggregazione del contratto ad un tipo è il presupposto consueto per l'intervento, della costruzione del regolamento contrattuale, della fonte legale." E complementa: "L'intervento della fonte legale è reso in primo necessario dalla lacunosità che di regola caratterizza la *lex privata*. È questo un fenomeno che si riscontra in tutti gli ordinamenti che riconoscono il principio dell'autonomia privata." (DE NOVA, Giorgio. *Il Tipo Contrattuale*. Padova: CEDAM, 1974, p. 24)

prática negocial espraia-se por contratos socialmente típicos[236] ou mesmo contratos atípicos[237]. Não é por outra razão que o universo da eficácia dessas declarações negociais já foi denominado de um terreno "sempre movediço", tendo Vera Fradera destacado a "total ambiguidade, o que não se coaduna com o direito privado em geral."[238]

Por essa razão, uma análise taxonômica da eficácia potencial desses negócios jurídicos costuma gerar um cenário caótico e pouco produtivo, especialmente fora da discussão sobre um modelo específico de Negócio Jurídico Preliminar. Afinal, conforme anota Ralph B. Lake e Ugo Draetta sobre essa grande categoria, eles não necessariamente criam obrigações; se ingressam no campo obrigacional, podem apenas estar "reforçando" deveres já reconhecidos pelo ordenamento jurídico, como aqueles decorrentes da boa-fé objetiva ou por algum tipo contratual de referência; podem

---

[236] "Num dado momento histórico, a lei prevê e disciplina um certo número deles [os tipos legais], na base do reconhecimento de que as operações a que correspondem são socialmente úteis e merecedoras de tutela jurídica; mas com o evoluir das condições económico-sociais, novas operações, novos géneros de negócios, diversos dos correspondentes aos tipos codificados, podem emergir, por difusão e importância, no tráfico. Desenham-se, assim, com eles, novos tipos contratuais, não contemplados expressamente pelo legislador e portanto não recondutíveis a 'tipos legais', mas de facto reconhecidos e correntemente empregues no contexto sócio-económico e que se definem por isso por 'tipos sociais' [...]" (ROPPO, Op. cit., p. 134).

[237] Conforme observa Rui Pinto Duarte, nesta categoria se inserem ainda aqueles contratos com tipicidade mista, assim considerados aqueles que incorporam elementos típicos de dois ou mais contratos típicos (DUARTE, Rui Pinto. *Tipicidade e atipicidade dos contratos*. Coimbra: Almedina, 2000. p. 49).

[238] FRADERA, Op. cit., p. 173.

dar azo à responsabilidade pré-contratual, à responsabilidade contratual ou servir para afastar ambas.[239] Nesse sentido e dentro do escopo do presente trabalho, mais relevante do que criar classificações de grupos de eficácia é discutir os critérios por meio dos quais essas potencialidades extravasam-se, de modo a melhor compreender o próprio fenômeno da formação da relação jurídica contratual e a função exercida por essas declarações negociais.

O critério mais usual para análise das eficácias dos Negócios Jurídicos Preliminares, especialmente utilizado no caso das Cartas de Conforto, é a classificação da dicotomia entre declarações "fracas" e "fortes"[240]. Classificar-se-iam como "fortes" aquelas que implicam na criação de um dever[241] para o emitente, seja de dar, fazer ou não fazer. Por sua vez, as "fracas" envolveriam declarações com características mais informativa e que buscariam apenas invocar um regime de responsabilidade civil aquiliana, seja fundada na boa-fé ou na proteção da confiança legítimas.[242]

---

239 LAKE; DRAETTA, Op. cit., p. 6.

240 Assim, FRIED, Jörg. *Die wieche Patronatserflärung*. Berlin: Duncker & Humblot, 1998, p. 32. Há ainda aqueles que, na impossibilidade ou dificuldade de qualificar um negócio jurídico nesses dois grupos, criam a categoria intermediária denominada de "média."

241 KOCH, Jens. *Die Patronatserklärung*.Tübingen: Mohr Sibeck, 2005, p. 78

242 Conforme Jörg Fried, "[...] um das Vertrauen des Kreditgebers durch Informationen bzw. zugesagte Verhaltensweisen zu gewinnen, ohne sich jedoch dadurch zu Zahlung irgendwelcher Art [...] zu verpflichten." (FRIED, Op. cit., 1998, 33). Na mesma linha, "mesmo quando ao carta de conforto vem vazada somente com declarações informativas, atinentes às relações intercorrentes entre a sociedade emitente e a que aspira ao financiamento, sempre está presente a intenção jurídica de suscitar a confiança do destinatário quanto à solvência da controlada e ao subsequente adimplemento do financiamento. E essa confiança, incutiva em outrem, gera obviamente uma responsabilidade para o emitente, ou

Nesse sentido, transparece a utilidade dessa distinção para qualificar o regime de responsabilidade civil aplicável. Entretanto, em linha com a perspectiva adotada na primeira parte deste trabalho e que reforçam o aspecto dinâmico do processo de formação da relação jurídica, duas outras classificações se mostram mais proveitosas para compreender o fenômeno da eficácia dos negócios jurídicos ora analisados, uma focada no aspecto nomogênico e outras na evolução da própria relação jurídica.

Em relação ao aspecto monogênico, busca-se identificar a eficácia desses negócios jurídicos em duas dimensões: "explícita" e "implícita"[243- 244]. Diferentemente da distinção

---

seja, cria um vínculo de natureza jurídica entre as partes inter-relacionadas." (LEÃES, Luiz Gastão Paes de Barros. *Protocolo de intenções sem força obrigatória*. Pareceres. São Paulo: Singular, 2004. v. I. p. 1195).

[243] Não se deve confundir a distinção ora proposta quanto às dimensões dos efeitos dos negócios jurídicos, com a tradicional distinção quanto à forma pela qual a declaração negocial exterioriza-se. Nesse, a doutrina tem apontado que a declaração negocial pode manifestar-se de forma expressa ou tácita, isto é, se ela decorre, tal como o legislador português insculpiu no artigo 217, do Código Civil português, "por palavras, escrito ou qualquer outro meio direito de manifestação de vontade", ou de fatos e atos, a partir dos quais deduzir-se-á a declaração de vontade. Sobre o tema, V. por todos, PINTO, Op. cit., 1995, passim, no direito português, e JUNQUEIRA, Op. cit., 2010, pp. 126-132.

[244] Em sentido mais próximo ao aqui adotado, a doutrina lusa distingue entre o conteúdo formal e o conteúdo material do negócio jurídico (VASCONCELOS, Op. cit., pp. 319 e ss). Nessa distinção, o conteúdo formal remeteria ao clausulado do contrato e o que vem a resultar dessa estipulação. Aqui tem-se o produto imediato da atuação da autonomia privada dos participantes da relação jurídica. Além dessa, haveria uma outra parte do regulamento que seria consequência daquela e que entraria em vigor por referência; "A diferença entre o conteúdo numa perspectiva formal e o conteúdo numa perspectiva substancial é o reflexo da diferença entre o clausulado e a regulação contratual. [...] Normalmente o conteúdo do contrato é mais amplo do que o seu

anterior, entre declarações "fortes" e "fracas", o escopo aqui não se limita à definição do regime de responsabilidade, mas à compreensão de como a declaração negocial interfere na formação da normatividade da relação jurídica em gestação dentro da lógica entre autonomia e heteronomia já tratada.

Assim, na primeira dimensão, a "explícita", encontramos o conteúdo normativo declarado, ainda que de maneira tácita ou lacunosa, pelas partes no documento pré-contratual. Aqui há a preponderância da intenção das partes de normatizarem a própria regulação jurídica, seja criando, extinguindo ou modificando situações jurídicas conforme as necessidades do programa contratual em gestação.

Ocorre que, ao menos em tese e em relações paritárias (sem que uma das partes seja considerada hiposuficiente), não haveria óbice normativo a que as partes regulassem todos os deveres que seriam aplicáveis àquela relação jurídica, seja de maneira positiva, criando ou modificando obrigações, seja de maneira negativa, afastando a incidência de normas que não seriam convenientes ao programa contratual.[245]

Entretanto, na prática, a regulação autônoma da relação jurídica é feita de maneira parcelar e incompleta, abrindo azo não apenas para a incidência do regramento do negócio jurídico típico associado, como para as demais regras da boa-fé. Diferentemente da primeira dimensão, aqui há a consequência normativa da inserção do negócio jurídico dentro do universo jurídico heterônomo, invocando não

---

clausulado, sendo necessário, na concretização da disciplina contratual, ir paraalém do clausulado buscar noutros lugares do jurídico o critério de decisão." (Idem, p. 320).

245 COSTA E SILVA, Op. cit., 2006, p. 39.

apenas elementos dos tipos contratuais aproximados[246], como das demais exigências normativas aplicáveis[247]-[248]. Portanto, na outra dimensão, a implícita, identificam-se aqueles efeitos que não estão expressos formalmente no documento mas que decorrem de um imperativo

---

[246] "Sob outro ângulo, pode-se dizer que, no objeto do negócio, há um conteúdo expresso, um conteúdo implícito, e, a meio caminho entre um e outro, um conteúdo que poderíamos chamar de incompletamente expresso. Conteúdo implícito são os elementos categoriais derrogáveis (elementos naturais), que o ordenamento jurídico inclui no negócio e dos quais, normalmente, as partes nem sequer tiveram consciência; conteúdo expresso é o que no negócio contém por referência completa; e conteúdo incompletamente expresso é o que nele se contém por referência incompleta, por exemplo, os direitos e obrigações que são decorrência inexorável do próprio tipo de negócio escolhido (se digo "vendo", afirmo que assumo a obrigação de entregar a coisa), as qualidades essenciais da coisa ainda que não descritas, as qualidades essenciais das partes nos negócios intuitu personae etc."(AZEVEDO, Op. cit., 2010, pp. 136-137).

[247] "O ato que leva à contratação exige justificação objetiva, cujo reconhecimento reclama a adoção de perspectiva dinâmica (e não estática) da autonomia privada. Para a compreensão do acordo, é necessário deixar de considerar apenas a letra fria do instrumento (i.e., sua estática) e passar a admitir que as partes, valendo-se da autonomia privada, lançam mão dos contratos para a consecução de certos fins. Ou seja, indo além de sua dimensão escrita, o negócio jurídico há de ser visto como meio empregado pelas partes na concreção de seus escopos" (FORGIONI, Op. cit., 2010, p. 59).

[248] "Registra-se, assim, em sede de determinação do conteúdo do contrato, uma dialéctica entre fontes de tipo diverso, que pode, por comodidade, simplificar-se, numa contraposição entre a fonte 'voluntária' (que exprime e realiza a liberdade contratual – e económica – dos particulares) e as outras fontes, diversas da vontade das partes que, geralmente – mas nem sempre [...] – exprimem uma lógica e interesses tendencialmente antagónicos, e, portanto, diversos, em relação aos da autonomia privada. A relação entre estas diversas fontes do regulamento contratual não é estabelecida uma vez por todas, antes varia historicamente e sofre – de acordo com o contexto político, social e económico – diversas transformações." (ROPPO, Op. cit., p. 140)

heterônomo e, de maneira mais ampla, da correlação entre esse e os elementos autônomos do negócio jurídico, incluindo, mas sem se restringir a, as declarações negociais já manifestadas e o comportamento das partes.[249] Essas se expandem, tendo por base ou elemento gerador o negócio jurídico celebrado.

Para fins ilustrativos, tome-se como exemplo cláusula usual em processos de auditoria (*due diligence*), especialmente na aquisição de participação societária, que indica o rol de documentos ou informações que a companhia ou o vendedor precisam disponibilizar para análise do investidor. Por exemplo, seriam indicadas a lista de relatórios financeiros da entidade, detalhamento dos principais passivos e contingências, bem como informações sobre seus produtos, operações e recursos humanos.

Numa primeira análise, o conteúdo explícito do negócio jurídico revela o limite daquilo que a companhia se obriga a fornecer de informações ao referido investidor. Além disso, essa listagem representa o conjunto de informações que as partes consideram como relevantes para que o investidor

---

249 A doutrina anglo-saxônica tem defendido a existência de "dimensões implícitas do contrato", que seriam, a grosso modo, o contexto, os acordos tácitos, as expectativas que permeiam a sua "dimensão explícita", aquilo que foi reduzido a termo no negócio jurídico. Nesse sentido, a dimensão implícita deve servir de referência, na interpretação de um negócio jurídico, para a determinação da "real" vontade das partes, em contraposição ao que seriam o *paper deal*, isto é, o mero texto que foi inscrito na minuta de contrato (Cf. CAMPBELL, David; COLLINS, Hugh. Discovering the implicit dimensions of contracts. In: CAMPBELL, David. et al. (Ed.). *Discrete, relational and network contracts*. Oxford; Portland: Hart, 2003., passim). Entretanto, o que será trabalhado como "eficácia implícita" é mais restrita do que a doutrina estrangeira tenta abarcar com a ideia de "dimensão implícita do contrato", principalmente na medida em que os deveres de lealdade impostos pelo princípio da boa-fé objetiva são incluídos na análise dessa dimensão.

forme o seu juízo acerca do interesse contratual em negociação.

Por outro lado, pode ser que exigências do tráfico social e da boa fé[250] imponham ao comprador que coloque à disposição do investidor outras informações que não apenas aquelas listadas. No caso concreto, pode ser que esses imponham a uma das partes o dever de informar a contraparte algo que não constou daquela lista, por exemplo, na hipótese em que há um risco de frustração da finalidade do negócio jurídico[251] ou a existência de um risco material que não seja capturado por aquele conjunto. Em outras palavras, além do conteúdo explícito surge um outro implícito e que complementa o conteúdo do dever de informar daquela relação jurídica.

---

250 "Para que um parceiro de negociações deva informar espontaneamente o outro, com isso defendendo ou curando de interesses alheios, é necessário que exista uma particular necessidade de proteção. [...] Importante é obviamente o tipo de relação contratual intencionada. Numa relação de troca, com interesses contraditórios, o nível de exigência tem de ser menor do que quanto é tida em vista uma actividade no interesse alheio (v.g. tratamento médico) ou a colaboração num fim comum (sociedade). Em todo o caso, a informação prestada, além de verdadeira, tem de ser suficientemente clara para compensar o desnível anterior." (MONTEIRO, Jorge Ferreira Sinde. *Responsabilidade por conselhos, recomendações ou informações*. Coimbra: Almedina, 1989., p. 361-363).

251 "Ora, a não revelação de uma informação não é sempre ilícita ou desleal pois, em princípio, cada contraente deve cuidar, ele próprio, das informações relevantes para o contrato. Este dever só existirá se a contraparte puder legitimamente esperar a informação pré-contratual por esta ser conforme à boa fé e às concepções dominantes do comércio jurídico. Assim, mesmo que as partes prossigam interesses opostos, como é normalmente o caso, haverá o dever de esclarecer a contraparte sobre as circunstâncias que podem frustrar o fim do contrato e que, por isso, são de especial significado para a sua decisão, desde que a contraparte possa esperar sua comunicação, em conformidade com as concepções dominantes do tráfico." (SILVA, Op. cit., 2006, p. 79).

Nesse exemplo, revelam-se aspectos relevantes da formação da relação jurídica. Em primeiro lugar, o conteúdo da relação jurídica será formado pelas dimensões explícitas e implícitas do negócio jurídico, cujo conjunto compreende aquilo que, como visto, a doutrina lusa denomina de relação material. Além disso, essa relação jurídica terá por base ou elemento gerador o negócio jurídico celebrado. Afinal, os documentos pré-contratuais, enquanto fatos jurídicos por si só, integram o suporte de incidência das normas heterónomas que incidem sobre a relação jurídica. Entretanto, entre um e outro existe uma relação de natureza dialética, no qual a prevalência de um sobre o outro decorre não apenas do interesse autônomo manifestado, mas dos imperativos heterônomos aplicáveis. Mesmo porque, conforme Antônio Junqueira de Azevedo, "a correspondência, entre os efeitos atribuídos pelo direito (efeitos jurídicos) e os efeitos manifestados como queridos (efeitos manifestados), existe, porque a regra jurídica de atribuição procura seguir a visão social e liga efeitos ao negócio em virtude da existência de manifestação de vontade sobre eles."[252]

Outra classificação elucidativa refere-se à projeção dos efeitos dentro da relação jurídica, no que poderíamos distinguir entre aqueles que se limitam à fase em tratativas e os que se projetam em outras fases do desenvolvimento do programa contratual.

A título de ressalva, a pós-eficácia dos Negócios Jurídicos Preliminares é excepcional. Além do fato de que, como regra geral, são instrumentos destinados a produzir efeitos apenas nessa fase do desenvolvimento da relação jurídica[253],

[252] AZEVEDO, Op. cit., 2002. 19.

[253] V. COSTA, Op. cit., p. 83, para quem "as cartas de intenção esgotam a sua autonomia com a celebração do contrato final, pelo que a partir desse

conforme Emílio Betti já alertava, eles são revestidos de uma "limitação de incompatibilidade", isto é, sua eficácia interpretativa está condicionada a não ser incompatível com declarações posteriores ou com novo significado atribuído em nova declaração posterior.[254]

Entretanto, não é possível afastar em absoluto essa eficácia em fases subsequentes do desenvolvimento da relação jurídica. Em primeiro lugar, conforme já visto, há situações em que a fase de tratativas não é interrompida de maneira brusca pela celebração de negócios jurídicos subsequentes, motivo pelo qual a manutenção da eficácia dos Negócios Jurídicos Preliminares pode ainda ser justificada no respectivo programa contratual.

Mas, mais do que isto, conter a eficácia dessas declarações negociais à fase pré-contratual atende mais a uma necessidade de racionalização do que às necessidades práticas do desenvolvimento da relação jurídica. Muito pelo contrário, a partir da compreensão da mesma já esposada, no sentido de que ela tem sua origem no contato social e encontra seu termo natural no adimplemento, a compartimentalização *a priori* da eficácia dessas declarações negociais não se mostra necessária, podendo haver situações nas quais um Negócio Jurídico Preliminar sobreviva à celebração do negócio jurídico tido como principal.

Afinal, até a celebração deste contrato, é razoável que as partes troquem uma série de minutas, informações e até mesmo celebrem Negócios Jurídicos Preliminares. Sem prejuízo, no momento da celebração do contrato, muito provavelmente, as partes acreditavam que o documento

---

momento a sua utilidade se circunscreve essencialmente à interpretação da declaração de vontade das partes.

254 BETTI, Op. cit., p. 178.

corporificava integralmente e sem ambiguidades o conjunto do consentimento existente entre as partes.

Reforçando este ponto, naquele conjunto de dispositivos finais que as partes usualmente replicam sem uma maior reflexão, as partes chegam a prever uma disposição de integralidade do contrato – na prática contratual anglo-saxônica são chamadas de *merger provision* ou *zipper* provision – por meio das qual estabelece-se que o contrato constitui a integralidade daquilo que foi convencionado entre as partes, e que todas as manifestações negociais estão incorporadas ou superadas pelo acordo principal[255].

Com o passar do tempo, entretanto, é possível que alguma das partes considere que, por qualquer razão, um elemento importante das tratativas não foi incorporado no instrumento escrito que corporifica esse negócio jurídico principal, ou o foi de maneira ambígua, incompleta ou, em casos extremos, de maneira equivocada.

Para ilustrar tal situação, imagine um vendedor que, ao se preparar para a execução do contrato, depara-se com uma ambiguidade em relação à qualidade do produto que deveria entregar. Entretanto, ao analisar os documentos prévios, verifica que um acordo celebrado durante as tratativas indicava a qualidade do objeto, não havendo elementos para se afastar essa definição preliminar. Ainda para forçar o exemplo, prevalecendo o primeiro entendimento, aplicar-se-ia o regime da obrigação de dar coisa incerta, enquanto, no último caso, passar-se-ia ao regime jurídico da entrega de coisa certa.

---

255 STARK, Op. cit., p. 561. Trata-se da situação do negócio jurídico "total," por meio da qual se busca, em determinado negócio jurídico, absorver, num único documento, a totalidade das declarações anteriores (V. BETTI, Op. cit., p. 31).

Outro exemplo, extraído da jurisprudência alemã e noticiado por António Menezes Cordeiro, trata da situação em que os documentos preliminares para a locação produtiva de um prédio danificado pela guerra induziram no futuro locatário uma expectativa em relação à estrutura do negócio jurídico principal, notadamente que o "clausulado contratual seguiria um determinado modelo."[256] A mudança de comportamento do locador levou a corte alemã a entender que, pela incidência da boa fé, o locador deveria ter em consideração os interesses da outra parte, modelados pela confiança que aqueles documentos preliminares provocaram no interessado.

Esses casos demonstram que o comportamento das partes, durante as tratativas e enquanto manifestações da autonomia privada das partes, influem no conteúdo da relação jurídica já durante o término das tratativas[257]. Nesse sentido, a doutrina reconhece o papel dos documentos pré-

---

[256] CORDEIRO, Antônio Manuel da Rocha e Menezes. Da boa-fé no direito civil. Coimbra: Almedina, 1997. p. 552.

[257] Jorge Mosset Iturraspe e Manuel Piedecasas reconhecem a possibilidade "qué obligaciones además e las expresamente declaradas, 'integran el negocio', como obligaciones virtuales, tácitas o sobreentendidas." (Op. cit., p. 103). E complementam: "Equivale a decir que para saber cómo se 'integra' el contrato: cuáles son los derechos y los deberes que nacen del mismo para las partes, es básico atender al proceso de gestación del acuerdo, al iter negocial." (Ibidem, grifos no original). Tais autores citam o Projeto de Código Civil Argentino de 1998, que prevê, em seu artigo 967: "ARTÍCULO 967.- Alcances de la obligación contractual. El contrato obliga con los alcances en que razonablemente se habría obligado un contratante cuidadoso y previsor, incluyendo a las consecuencias virtualmente comprendidas en él, conforme a su naturaleza, a las negociaciones previas, a la conducta ulterior de las partes, a las prácticas establecidas entre ellas, a los usos si no han sido excluidos expresamente, y a la equidad, teniendo en cuenta la finalidad del acto y las expectativas justificadas de la otra parte. Las cláusulas abusivas no constituyen usos, aunque sean de práctica.".

contratuais em geral no processo de determinação seja do consentimento[258] como também o papel das declarações negociais pré-contratuais na formação de eventuais vícios no negócio jurídico subsequente[259].

Afinal, conforme já entendia Emílio Betti, "o negócio é considerado como um todo unitário, a interpretar na sua totaldade: um todo, entre cujas diferentes partes, preliminares e conclusivas, não é admissível uma clara separação."[260]

Verifica-se, portanto, que a análise das potencialidades de eficácia dos Negócios Jurídicos de Tratativa revela sua capacidade de produzir, extinguir ou modificar direitos, deveres, obrigações, pretensões, ônus, etc. no vínculo jurídico-obrigacional. Dito de outra maneira, essas declarações negociais possuem relevante papel na formação do programa contratual, ainda que nem sempre atuando para fortalecer o vínculo jurídico pré-existente.

---

258 "Concernant l'élaboration du contrat, certains documents précontractuels vont contribuer directement à sa formation, en déterminant le consentement de la partie qui les reçus. Mais dans ce cas, il est clair que la contribution à la formation du contrat ne peut, à elle seule, permettre la qualification de document contractuel. En effet, un document peut avoir contribué à déterminer le consentement de l'une des parties, sans pour autant qu'il comporte un élément susceptible de lui être intégré." (LABARTHE: 1994, p. 5).

259 Sobre os vícios do contrato principal em decorrência de ilícitos praticados na fase das tratativas, V. SILVA: 2006. 219-226.

260 BETTI: 2003, p. 176. Afinal, para o jurista italiano: "[s]egundo os *cânones hermenêuticos da autonomia e da totalidade,* o significado do negócio deduz-se não só, e não tanto, do teor literal das palavras empregadas, tomadas em si mesmas, e de um modo geral, dos meios de expressão adotados pelas partes, mas também, especialmente, do comportamento total [...], do conjunto de várias declarações ou cláusulas entendidas como elementos de um todo [...], do intuito prático visado [...], assim como do conjunto das circunstâncias presentes na consciência de ambas as partes." (BETTI: 2003, p. 176).

BIBLIOGRAFIA

ALMEIDA, Carlos Ferreira de. *Texto e enunciado na teoria do negócio jurídico*. v. I e II. Coimbra: Almedina, 1992.

ALMEIDA COSTA, Mário Júlio. *Responsabilidade civil pela ruptura das negociações preparatórias de um contrato*. Coimbra: Coimbra Editora, 1984.

ALPA, Guido. Le contrat individuel et sa définition. *Revue Internationale de Droit Comparé*, Paris, v. 40, n. 2, p. 327-350, avril-jun. 1988.

AMARAL NETO, Francisco dos Santos. *Direito civil*: introdução. 7. ed. Rio de Janeiro: Renovar, 2008.

AMARAL NETO, Francisco dos Santos. A autonomia privada como poder jurídico. In: AA.VV. *Estudos jurídicos em homenagem ao professor Caio Mário da Silva Pereira*. Rio de Janeiro: Forense, 1984.

ASCARELLI, Tullio. O negócio indireto. *In*: ASCARELLI, Tullio. *Sociedades Anônimas e Direito Comparado*. São Paulo: Quórum, 2008. pp. 152-253.

AZEVEDO, Álvaro Villaça. *Código Civil Comentado*: negócio jurídico, atos jurídicos lícitos, atos ilícitos: artigos 104 a 188, volume II. São Paulo: Atlas, 2003.

AZEVEDO, Antonio Junqueira de. Insuficiências, deficiências e desatualizações no Projeto de Código Civil na questão da boa-fé objetiva nos contratos. *Revista Trimestral de Direito Civil*, Rio de Janeiro, v. 1, p. 3-12, jan.-mar. 2000.

AZEVEDO, Antonio Junqueira de. *Estudos e pareceres de direito privado*. São Paulo: Saraiva, 2004.

AZEVEDO, Antonio Junqueira de. *Novos estudos e pareceres de direito privado*. São Paulo: Saraiva, 2009.

AZEVEDO, Antonio Junqueira de. *Negócio jurídico*: existência, validade e eficácia. 4. ed. São Paulo: Saraiva, 2010.

BAPTISTA, Luiz Olavo. *Contratos internacionais*. São Paulo: Lex Magister, 2011.

BAPTISTA MACHADO, João. *Obra dispersa*. v. I. Braga: Scientia Iuridica, 1991.

BASSO, Maristela. *Contratos internacionais do comércio*: negociação, conclusão, prática. Porto Alegre: Livraria do Advogado, 1994.

BECK, Anthony. The doctrine of substantial performance: conditions and conditions precedent. *The modern law review*, v. 38, n. 4 (Jul., 1975), pp. 413-428.

BETTI, Emílio. *Teoria Geral do Negócio Jurídico*. t. II. Campinas: LZN, 2003.

BEVILAQUA, Clovis. *Código Civil dos Estados Unidos do Brasil*. Rio de Janeiro: Rio, 1979. v. IV.

BOBBIO, Norberto. *Estado, governo, sociedade*: para uma teoria geral da política. 3. ed. Rio de Janeiro: Paz e Terra, 1995.

BYDLINSKY, Franz. *System und prinzipien des privatrechts*. Wien; New York: Springer, 1996.

CAMPBELL, David et. al. (Ed.). *The relational theory of contract*: selected works of Ian Macneil. London: Sweet & Maxwell, 2001.

CAMPBELL, David; COLLINS, Hugh. Discovering the implicit dimensions of contracts. In: CAMPBELL, David. et al. (Ed.). *Discrete, relational and network contracts*. Oxford; Portland: Hart, 2003.

CANARIS, Claus Wilhelm. *Pensamento sistemático e conceito de sistema na ciência do direito*. 3. ed. Lisboa: Fundação Calouste Gulbenkian, 2002.

CARNEIRO DA FRADA, Manuel António de Castro Portugal. *Contrato e deveres de proteção*. Coimbra: Coimbra Editora, 1994.

CARNEIRO DA FRADA, Manuel António de Castro Portugal. *Teoria da confiança e responsabilidade civil*. Coimbra: Almedina, 2004.

CARRESI, Franco. *Il contratto*. t. I. Milano: Giuffrè, 1987.

CARVALHO DE MENDONÇA, José Xavier. *Tratado de direito comercial brasileiro*: 1ª parte. 5. ed. atual. por Aquiles Bevilaqua e Roberto Carvalho de Mendonça. Rio de Janeiro: Freitas Bastos, 1955. v. 6.

CARVALHO DE MENDONÇA, Manuel Inácio. *Doutrina e prática das obrigações ou tratado geral dos direitos de crédito*. 4. ed. atual. por José de Aguiar Dias. Rio de Janeiro: Forense, 1956. t. II.

CATRAMBY, Alexandre Espíndola. Oferta ao público: uma perspectiva luso-brasileira. In: MOTA, Maurício; KLOH, Gustavo (Orgs.). *Transformações contemporâneas do Direito das Obrigações*. Rio de Janeiro: Elsevier, 2011.

CAVALLI, Cássio. *Direito Comercial*: passado, presente e futuro. Rio de Janeiro: Elsevier, 2012.

CHAVES: Antônio. *Responsabilidade pré-contratual*. Rio de Janeiro: Forense, 1959.

COETZEE, J. M. *The lives of animals*. Princeton: Princeton University Press, 1999.

COLL, Steve. *The taking of Getty Oil*. New York: Open Road, 1987.

COMIRAN, Giovana Cunha. A exegese do art. 425 do Código Civil e o método tipológico: notas sobre critérios hermenêutico-integrativos dos contratos atípicos. In: MOTA, Maurício; KLOH, Gustavo (Orgs.). *Transformações contemporâneas do direito das obrigações*. Rio de Janeiro: Elsevier, 2011.

COMPARATO, Fábio Konder. *Essai d'analyse dualiste de l'obligation em droit privé*. Paris: Dalloz, 1964.
COMPARATO, Fábio Konder. *Novos ensaios e pareceres de direito empresarial*. Rio de Janeiro: Forense, 1981.
CORBIN, Arthur L *et al*. *Corbin on Contracts*: a comprehensive treatise on the rules of contract law. v. I. St. Paul: West Pub, p. 189
CORDEIRO, Antônio Manuel da Rocha e Menezes. *Da boa-fé no direito civil*. Coimbra: Almedina, 1997.
COSTA, Mariana Fontes da. *Ruptura de negociações pré-contratuais e cartas de intenção*. Coimbra: Coimbra Editora, 2011.
COUTO E SILVA, Clóvis Veríssimo. *Principes fondamentaux de la responsabilité civile en droit bresilien et comparé*. Cópia mimeografada. 1988.
COUTO E SILVA, Clóvis Veríssimo. O direito civil em perspectiva histórica e visão de futuro. In: FRADERA, Vera Maria Jacob de (Org.). *O direito privado brasileiro na visão de Clóvis do Couto e Silva*. Porto Alegre: Livraria do Advogado, 1997.
COUTO E SILVA, Clóvis Veríssimo. *A obrigação como processo*. Rio de Janeiro: FGV, 2006.
CUNHA, Daniela Moura Ferreira. *Responsabilidade pré-contratual por ruptura das negociações*. Coimbra: Almedina, 2006.
DE NOVA, Giorgio. *Il tipo Contrattuale*. Padova: CEDAM, 1974.
DELFINI, Francesco. *Autonomia privata e rischio contrattuale*. Milano: Giuffrè, 1999.
DUARTE, Rui Pinto. *Tipicidade e atipicidade dos contratos*. Coimbra: Almedina, 2000.
FARNSWORTH, E. ALLAN. "Precontractual Liability and Preliminary Agreements: Fair Dealing and Failed

Negotiations". *Columbia Law Review*, Mar. 1987, Vol. 87, No. 2, pp. 217-294.
FAUVARQUE-COSSON, Bénédicte. La confiance légitime et l'estoppel: rapport général. In: FAUVARQUE-COSSON, Bénédicte (Coord). *La confiance légitime et l'estoppel.* Paris: Societé de Législation Comparée, 2007.
FAORO, Guilherme de Mello Franco. *A pós-eficácia hermenêutica dos documentos pré-contratuais não vinculantes.* Dirrertação (Mestrado em Direito) – Faculdade de Direito, Universidade do Estado do Rio de Janeiro, p. 154. 2019.
FERRARIS, Julien. *Le Rôle des documents précontractuels dans l'interprétation par le juge du contrat.* Paris: Publibook, 2003.
FERRO-LUZZI, Federico. *L'imputazione precontrattuale*: il preliminare, le trattative. Padova: CEDAM, 1999.
FONTAINE, Marcel; LY, Filip. *Drafting International Contracts*: an analysis of contract clauses. Leiden: Martinus Nijhoff Publishers, 2006.
FONTES, André. *A pretensão como situação jurídica subjetiva.* Belo Horizonte: Del Rey, 2002.
FORGIONI, Paula A. *A evolução do direito comercial brasileiro*: da mercancia ao mercado. São Paulo: Ed. RT, 2009.
FORGIONI, Paula A. *Teoria geral dos contratos empresariais.* São Paulo: Ed. RT, 2010.
FRADERA, Vera Maria Jacob de. Dano pré-contratual: uma análise comparativa a partir de três sistemas jurídicos, o continental europeu, o latino-americano e o americano do norte. *Revista de Informação Legislativa,* n. 136, Brasília, 1997.
FRANTZ, Laura Coradini. *Revisão dos contratos.* São Paulo: Saraiva, 2007.
FRIED, Jörg. *Die wieche Patronatserflärung.* Berlin: Duncker & Humblot, 1998.
FURMSTON, Michael; TOLHURST, G. J.. *Contract formation*: law and practice. Oxford: Oxford University Press, 2010.

FURMSTON, Michael; NORISADA, Takao; POOLE, Jill. *Contract Formation and Letters of Intent*: a comparative assessment. Chichester: John Wiley & Sons, 1998.

Gete-alonso Y Calera, Maria Del Carmen. *Estructura y funcion del tipo contractual*. Barcelona: Bosch, 1979.

GILIKER, Paula. *Pre-contractual liability in English and French Law*. Hague: Kluwer Law International, 2002.

GOMES, Orlando. Acordo preparatório e contrato preliminar. In: GOMES, Orlando. *Novas questões de direito civil*. São Paulo: Saraiva, 1979.

GOMES, Orlando. *Raízes históricas e sociológicas do Código Civil brasileiro*. São Paulo: Martins Fontes, 2006.

GRINBERG, Keila. *Código Civil e cidadania.* Rio de Janeiro: Zahar, 2001.

GROSSI, Paolo. *Mitologias jurídicas da modernidade.* Florianópolis: Fundação Boiteux, 2004.

GUTTERMAN, Allan. *The Legal Considerations in Business Financing*: a guide for Corporate Management. Westport: Quorum Books, 1994.

ITURRASPE, Jorge Mosset; PIEDECASAS, Miguel A. *Responsabilidad precontratual.* Santa Fé: Rubinzal-Culzoni, 2006.

JHERING, Rudolf von. Culpa in contrahendo oder Schadenersatz bei nichtigen oder nicht zur Perfection gelangten Verträgen. In: JHERING, Rudolf von; STAUB, Hermann. *Culpa in contrahendo und Die positiven Vertragsverletzungen mit einem Nachwort von Eike Schmidt*. Bad Hombunrg v.d.H.: Gehlen, 1969.

JORGE, Fernando de Sandy Lopes Pessoa. A formação do contrato à face do novo Código Civil português. *Revista Forense,* Rio de Janeiro, v. 249, p. 56-65, jan.-mar. 1975.

JORGE, Fernando de Sandy Lopes Pessoa. A formação do contrato à face do novo Código Civil português. Revista Forense, Rio de Janeiro, v. 249, jan.-mar. 1975.

JORGE, Fernando de Sandy Lopes Pessoa. *Ensaio sobre os pressupostos da responsabilidade civil*. Coimbra: Almedina, 1999.

KAHNEMAN, Daniel; SIBONY, Olivier; SUBSTEIN, Cass R. *Noise*: a flaw in human judgement. New York: Little, Brown Spark, 2021.

KOCH, Jens. *Die Patronatserklärung*.Tübingen: Mohr Sibeck, 2005.

LABARTHE, Françoise. *La notion de document contractuel*. Paris: LGDJ, 1994.

LAJOUX, Alexandra Reed; ELSON, Charles M. *The art of M&A Due Diligence*. 2nd ed.: New York: McGrall Hill, 2011.

LAKE, Ralph B.; DRAETTA, Ugo. *Letters of intent and other precontractual documents*: comparative anaysis and forms. 2nd ed. New Hampshire: Butterworth, 1994.

LEÃES, Luiz Gastão Paes de Barros. Protocolo de intenções sem força obrigatória. *Pareceres*. São Paulo: Singular, 2004. v. I.

LENINE; QUEIROGA, Lula. A rede. *Acústico MTV,* Faixa 3. Rio de Janeiro: Sony BMG, 2006.

LUDWIG, Marcos de Campos. *Usos e costumes no processo obrigacional*. São Paulo: Ed. RT, 2005.

LUHMANN, Niklas. *Vertrauen*: ein mechanismus der reduktion sozialer komplexität. 4. ed. Stuttgart: UTB, 2000.

LUTTER, Marcus. *Der letter of intent*. 3. Auflage. Köln: Carl Jeymanns, 1998.

MACAULAY, Stewart. Relational contracts floating on a sea of custom? Thoughts about the ideas of Ian Macneil and Lisa Bernsteins. *Northwestern University Law Review,* Chicago, v. 94, n. 3, p. 775-804, Spring 2000.

MACNEIL, Ian R. Reflections on relational contract theory after a neo-classical seminar. In: CAMPBELL, David. et al. (Ed.). *Discrete, Relational and Network Contracts.* Oxford; Portland: Hart, 2003.

MACNEIL, Ian R. *O novo contrato social.* Rio de Janeiro: Elsevier, 2009.

MACNEIL, Ian R.; CAMPBELL, David (Ed.). *The relational theory of contract*: selected works of Ian Macneil. London: Sweet & Maxwell, 2001.

MARTIN, A. Timothy. Model contracts: a survey of the global petroleum industry. *Journal of energy & natural resources law*, London, v. 22, n. 3, p. 281-340, aug. 2004.

MARTINEZ, Pedro Romano; PONTE, Fuzeta da. *Garantia de Cumprimento.* 5ª ed. Coimbra: Almedina, 2006.

MARTINS, Raphael Manhães. O princípio da confiança legítima e o enunciado n. 362, da IV Jornada de Direito Civil. *Revista do CEJ*, Brasília, n. 40, p. 11-19, jan.-mar. 2008 (2008a).

MARTINS, Raphael Manhães. A teoria do inadimplemento e transformações no direito das obrigações. *Revista de Direito Privado*, São Paulo, v. 33, p. 250-289, jan.-mar. 2008 (2008b).

MARTINS-COSTA, Fernanda Mynarski. *Condição suspensiva.* São Paulo: Almedina, 2017.

MARTINS-COSTA, Judith Hofmeister. *Comentários ao novo Código Civil*: do direito das obrigações: do adimplemento e da extinção das obrigações: artigos 304 a 388. 2. ed. Rio de Janeiro: Forense, 2005. t. I. v. V.

MARTINS-COSTA, Judith Hofmeister. Um aspecto da obrigação de indenizar: notas para uma sistematização dos deveres pré-negociais de proteção no Direito Civil brasileiro. *Revista dos Tribunais*, São Paulo, v. 867, p. 11-51, jan. 2008. (2008a)

MARTINS-COSTA, Judith Hofmeister. O exercício jurídico disfuncional e os contratos empresariais: notas sobre os critérios do artigo 187 do Código Civil. *Revista do Advogado*, São Paulo, v. 96, p. 48-58, mar. 2008. (2008b)

MARTINS-COSTA, Judith Hofmeister. *Comentários ao novo Código Civil*: do direito das obrigações: do inadimplemento das obrigações: arts. 389 a 420. 2. ed. Rio de Janeiro: Forense, 2008. t. II. v. V. (2008c)

MARTINS-COSTA, Judith Hofmeister. A boa-fé no direito privado: critérios para a sua aplicação. São Paulo: Marcial Pons, 2015.

MELLO, Marcos Bernardes de. *Teoria do Fato Jurídico*: plano da existência. 20ª ed. São Paulo: Saraiva, 2014.

MONTEIRO, António Pinto. *Erro e vinculação Negocial*. Coimbra: Almedina, 2002.

MONTEIRO, Jorge Ferreira Sinde. *Responsabilidade por conselhos, recomendações ou informações*. Coimbra: Almedina, 1989.

NORONHA, Fernando. *Direito das Obrigações*: fundamentos do Direito das Obrigações. Introdução à Responsabilidade Civil. v. 1. São Paulo: Saraiva, 2003.

PERDIGÃO, José de Azeredo. O princípio da autonomia da vontade e as cláusulas limitativas da responsabilidade civil. *Revista da Ordem dos Advogados*, Lisboa, a. 6, v. 3 e 4, p. 25-63, 1946.

PEREIRA, Regis Velasco Fichtner. *A responsabilidade civil pré-contratual*: teoria geral e responsabilidade pela ruptura das negociações contratuais. Tese. Doutorado em Direito – Faculdade de Direito, Universidade do Estado do Rio de Janeiro, Rio de Janeiro, 2000.

PERLINGIERI, Pietro. *Autonomia negoziale e autonomia contrattuale*. 2. ed. Napoli: Edizioni Scientifiche Italiane, 2000.

PERLINGIERI, Pietro. *Perfis do Direito Civil*: introdução ao Direito Civil Constitucional. 2ª ed. Rio de Janeiro, Renovar: 2002.

PINTO, Carlos Alberto da Mota. *Teoria Geral do Direito Civil*, 4ª ed. Coimbra: Coimbra, 2005.

PINTO, Paulo Cardoso Correia da Mota. *Declaração tácita e comportamento concludente no negócio jurídico*. Coimbra: Almedina, 1995.

PINTO, Paulo Cardoso Correia da Mota. Nota Introdutória. *In*: JHERING, Rudolf von. *Culpa in contrahendo ou indemnização em contratos nulos ou não chegados à perfeição*. Coimbra: Almedina, 2008. pp. V a XIX.

PONTES DE MIRANDA, Francisco Cavalcanti. *Tratado de direito privado*: parte especial. Rio de Janeiro: Borsoi, 1962. t. XXXVIII.

PONTES DE MIRANDA, Francisco Cavalcanti. *Tratado de direito privado*: parte especial. Rio de Janeiro: Borsoi, 1971. t. XX.

PONTES DE MIRANDA, Francisco Cavalcanti. *Fontes e evolução do direito civil brasileiro*. Rio de Janeiro: Forense, 1981.

PONTES DE MIRANDA, Francisco Cavalcanti. *Tratado de direito privado*: parte geral. 4ª ed. São Paulo: RT, 1983. tt. I e II.

PRATA, Ana. *Notas sobre a responsabilidade pré-contratual*. Coimbra: Almedina, 2002.

REALE, Miguel. *O Direito como experiência*: introdução à epistemologia jurídica. São Paulo: Saraiva, 1968.

REALE, Miguel. *Nova fase do direito moderno*. 2. ed. São Paulo: Saraiva, 1998.

REALE, Miguel. *Estudos preliminares do Código Civil*. São Paulo: Ed. RT, 2003.

RICKERTSEN, Rick. *Buyout*: the insider's guide to buying your own company. New York: Amacon, 2001.

ROPPO, Enzo. *O contrato*. Coimbra: Almedina, 2009.

SACCO, Rodolfo. Liberté contractuelle, volonté contractuelle. *Revue Internationale de Droit Comparé*, v. 59, n. 4, p. 743-760, 2007.

SACCO, Rodolfo; DE NOVA, Giorgio. *Trattato di diritto civile*: Il contrato. t. 2. 3. ed. Torino: UTET, 2004.

SALOMÃO FILHO, Calixto. Breves acenos para uma análise estruturalista do contrato. *Revista de Direito Mercantil, Industrial, Econômico e Financeiro*, São Paulo, v. 141, p. 7-40, jan.-mar. 2006.

SANTIAGO DANTAS, Francisco Clementino. *Programa de direito civil II*: contratos. Rio de Janeiro: Rio, 1978.

SAVIGNY, Friedrich Carl von. *Le droit des obligations*. 2. ed. Paris: Ernst Thorin, 1873. t. 2.

SCHAUER, Frederick. *Playing by the rules*: a philosophical examination of rule based decision-making in law and in life. Oxford: Clarendon, 1991.

SCHMIDLIN, Bruno. La responsabilité fondée sur la confiance en tant que responsabilité de contact quasi contractuelle. In: CHAPPUIS, C.; WINIGER, B. (Coords). *La responsabilité fondée sur la confinase* – Vertrauenshaftung – Journée de la Responsabilité Civile 2000. Zurique: CEJE, 2001.

SERPA LOPES, Miguel Maria de. *Curso de direito civil*: fontes das obrigações: contratos. v. III. 2. ed. Rio de Janeiro: Freitas Bastos, 1957.

SHANNON, James. *Texaco and the $10 billion jury*. Englewoods Cliffs: Prentice Hall, 1988.

SIBOURG, Peter. *Der Letter of Intent*. Tese. Doutorado em Direito – Rechts- und Staatswissenschaftliche Fakultät, Rheinischen Friedrich-Wilhelms-Universität zu Bonn, Bonn-Bad Godesberg, 1979.

SILVA, Eva Sónia Moreira. *Da responsabilidade pré-contratual por violação de deveres de informação*. Coimbra: Almedina, 2006.

STARK, Tina L. *Negotiating and drafting boilerplate*. New York: ALM Publishing, 2003.

TROIANO, Riccardo; NINNO, Alessandro del. *La conclusione del contratto*. Torino: Utet, 2004.

VASCONCELOS, Pedro Pais. *Contratos atípicos*. 2. ed. Coimbra: Almedina, 2009.

VERÇOSA, Haroldo M. D., *Contratos mercantis e a Teoria Geral dos Contratos*: o Código Civil de 2002 e a crise do contrato. São Paulo: Quartier Latin, 2010.

VICENTE, Dário Manuel Lentz de Moura. *Da responsabilidade pré-contratual em Direito Internacional Privado.* Coimbra: Almedina, 2001.

VICENTE, Dário Manuel Lentz de Moura. A responsabilidade pré-contratual no Código Civil brasileiro de 2002. *Revista CEJ*, Brasília, v. 25, p. 34-41, abr.-jun. 2004.

WALD, Arnoldo. O contrato: passado, presente e futuro. *Revista Cidadania e Justiça*, Rio de Janeiro, p. 43-49, jan.-jun. 2000.

WILHELMSSON, Thomas. *Perspectives of critical contract law*. New Hampshire: Dartmouth Publishing, 1993.

ZIMMERMANN, Reinhard. *The law of obligations*: roman foundations of the civilian tradition. Oxford: Oxford University Press: 1996.

www.ingramcontent.com/pod-product-compliance
Lightning Source LLC
LaVergne TN
LVHW010056061026
849532LV00007BA/2427
* 9 7 8 6 5 0 1 7 3 4 9 1 0 *